나는 사랑에
빚진 자입니다

일러두기

1부와 2부의 내용은 고(故) 최태섭 장로님이 결혼 60주년을 맞아 자신의 삶을 정리한 글을 다시 다듬은 것입니다.

나는 사랑에 빚진 자입니다

최태섭 지음 | **수도교회** 엮음

우리 시대 진정한 어른, 하나님의 청지기, 최태섭 장로

바이북스†
ByBooks

최태섭 장로님의 묘비명

우리는 청삼을 알아

참 그리스도인과 참 기업인을 보았다.

정직, 신용, 사랑의 기업 경영도,

가난하고 소외된 이웃을 도운 일도

그의 신앙과 애국심의 발로였으리.

그를 가리켜 재벌이라 하였으나

자신은 오로지 청지기였을 뿐이라 했다.

모든 이들이 존경하는 시대의 어른이시었으나

자신은 하나님과 이웃의 사랑에 빚진 자라 했다.

사랑에 빚진 자는 우리다.

우리 사회가 빚을 졌으리.

국민훈장 모란장, 참경영인상, 인촌상,

경제정의기업상, 일가상, 한국경영자대상,

명예 경제학 박사, 명예 경영학 박사 학위,

인간 상록수가 이를 말한다.

우리는 청삼을 눈물로 안장하지 않는다.

그를 우리 가운데 두셨던 하나님께

감사와 찬양을 드릴 뿐이다.

찬: 김상근 목사

결혼사진

손녀 원주가 존경하는 할아버지를 그림

부인 김성윤 권사님과 가족들

아들과 사위

딸과 며느리

부인과 두 아들 장로

추도예배를 마치고

추도예배를 마치고

1979년 수도교회 스케치

최태섭 장로님의 필체

찬 송 가

장로님의 수첩

항상 기억해야 할
《성경》구절을
수첩 제일 앞에
적어놓으셨다.
일상을 《성경》을
기본으로 사신
장로님의
흔적들

교회신축을 위한 예배

1972년 10월 전교인 신앙수련회

1976년 수도교회 체육대회

1977년 창립 25주년

1979년 8월 수도교회 기공식

창립 25주년 경복궁 야외예배

기원형 목사님, 이규재 장로님과 함께

1967년 초기 수도교회

이규재 장로님, 김옥란 권사님, 김반옥 권사님, 김성윤 권사님과 함께

새벽기도회

최태섭 장로님 장립식

수도교회 시작과 함께한 최태섭 장로님

1982년 전교인 수련회

예배를 마치고 교인들과 환담

1992년 수상 축하예배

1987년 둘째 아들 최영철 장로 임직예배 후

권사 임직식

문동환 목사님과 함께

생일을 맞이하며 교인들과 함께

교회 직분자들과 함께

1985년 전교인 수련회

장남 최영증 장로 장립, 1987년 6월

수도교회 시작과 함께한 최태섭 장로님

시연유치원 개원예배, 1985년 11월

손녀와 함께

권사임직예배, 1989년 9월

장로임직예배, 1990년 12월

청포선교관 개관식, 1997년 9월

오블리주 있는 노블레스

정현진(수도교회 담임목사)

"존귀한 자는 존귀한 일을 계획하나니 그는 항상 존귀한 일에
서리라."(사 32:8)

"로마인은 지성에서는 그리스인보다 못하고 체력에서는 켈트인
이나 게르만인보다 못하고 기술력에서는 에트루니아인보다 못하고
경제력에서는 카르타고인보다 뒤떨어지는 것이 로마인이라고, 로
만인들 스스로가 인정하고 있었습니다. 그런데 왜 그들만이 커다란
문명권을 형성하고 오랫동안 그것을 유지할 수 있었을까요?" 시오
노 나나미가 쓴 《로마인 이야기》 1권 14~15쪽에 나오는 말이다.

그는 사회 지도층의 솔선수범 곧 노블레스 오블리주가 로마가
안고 있던 근본적 열세를 뒤집을 정도로 큰 힘을 발휘했다고 보았
다. 곧 로마가 천 년간 세계의 최강국이 된 원동력은 그 나라의 지

도층이 솔선수범해 전쟁에 나가 피 흘리거나 이웃을 위해 재산을 환원한 덕분이었다는 것이다. 당시 로마 사회에는 '귀하게 태어난 사람은 귀하게 행동해야 한다'는 원칙이 작용했다.

우리는 그런 것을 노블레스 오블리주(noblesse oblige)라고 한다. 이 것은 본디 프랑스 말이다. 그 뜻은 '귀족은 의무를 진다'이다. 이것 은 '고귀한 신분'이라는 노블레스(noblesse)와 '책임(의무)이 있다'는 뜻의 오블리주(oblige)가 합쳐진 용어다. 귀족들이 여러 가지 특권을 누리는 만큼 그에 버금가는 책임을 다해야 한다는 뜻이다. 신분제 도가 사라진 오늘날 이것은 사회 지도층의 도덕적 · 윤리적 의무 또 는 그 실천을 가리킨다.

로마제국 귀족들의 긍지는 자신들이 노예와 다른 점은 단순히 신분이 다르다는 것이 아니라, 사회를 유익하게 할 책임을 다한다 는 의식에 있었다. 지중해 서부의 패권을 놓고 카르타고와 벌인 세 차례의 포에니전쟁에 로마 귀족들이 앞다투어 참전한 것도 그런 예 들 중 하나다. 특히 16년간 펼쳐진 2차 전쟁에서 로마의 최고직에 속한 '집정관(콘술, Consul)'만 13명이 전사했다. 그들은 뜻깊은 일에 는 목숨까지 내걸고 활동하는 것에 자부심을 갖고 있었다.

그들은 또한 재산의 사회 환원도 자신이 해야 할 일들 가운데 하 나라고 생각했다. 상당수 귀족이 자기 재산을 들여 공공시설을 세 우거나 리모델링하는 것을 자랑으로 여겼다.

지금 우리 사회 지도층은 어떤가? 전부 다 그런 것은 아니라도 밖으로 드러난 사례들은 언론인, 법률가, 종교인, 문화예술인, 정치가 중에서 오블리주 없이 노블레스만 향유하는 사람들이 많다.

우리나라에서 한 해 동안 산업재해로 죽는 노동자의 숫자는 2020년 882명, 2021년 828명이다. 다치는 사람 숫자는 이보다 훨씬 더 많다. 그런데도 이를 방지하려는 중대재해방지법에 딴지를 걸던, 그리고 지금도 거는 오블리주 없는 노블레스들이 각 분야에 있다. 이웃 사람 목숨 귀한 줄 모르는 이런 사람들이 사회 지도층을 형성한 나라의 미래는 참으로 어둡다. 지금 시절이 이렇기에 최태섭 장로님이 더욱 그립다.

우리나라에서 오블리주 있는 노블레스를 실천한 사람들 가운데 최태섭 장로님이 대표적인 분이다. 물론 본인은 워낙 겸손한 분이라 그런 내색을 전혀 하지 않았다. 우리가 그분에 관해 아는 일들 대부분은 그와 가까이 있던 사람들, 그와 직간접적인 관계를 맺었던 사람들에게서 들은 이야기다.

나는 지금까지 그분의 흠과 티에 관해 말하는 사람은 단 한 사람도 본 적이 없다. 잘 알려진 사람, 같은 길을 걷는 사람에 관해서 이런 저런 뒷말이 따라붙는 것은 매우 흔한 일이다. 인간사가 이런데도 그분에 관해서는 어느 누구도 그렇게 하지 않는다.

선배 목사님에게 전해들은 최태섭 장로님에 관한 일화들 가운데 이런 것이 있다.

　　　　　　　　　　나는 사랑에 빚진 자입니다

광탄교회가 예배당을 새로 지으면서 당시 한국유리㈜의 회장인 최태섭 장로님에게 예배당 창문에 달 유리 ○○장을 헌물 해달라고 부탁을 했다. 이에 장로님은 그 교회가 요청한 것보다 훨씬 많은 유리를 보내주셨다. 그것을 받은 교회는 장로님이 착각해서 자기 교회가 부탁한 유리 숫자가 아니라 다른 교회에서 부탁한 것을 자기 교회에 보낸 줄 알고 장로님에게 연락을 드렸다. 그러자 장로님은 "유리는 쓰다 보면 깨지기도 하니, 남는 것을 잘 보관했다가 창문을 수리할 때 쓰시라"고 하셨다. 이에 그 교회 성도들은 깜짝 놀라기도 하고 큰 감동을 받았다.

장로님은 개척교회들 특히 시골교회들이 이런 요청을 할 때마다 사양하지 않고 기꺼이 보내주셨다. 장로님은 회사 돈으로 얼마든지 그렇게 하실 수 있었는데도 자신의 사재를 들여 그 일을 하셨다. 요즈음에야 회사 돈으로 그렇게 하면 배임행위로 법에 걸리지만, 당시에는 그런 의식조차 없었다. 이런 뜻에서 장로님은 선각자요, 오블리주 있는 노블레스를 실천하신 분이다.

이웃돕기를 잘하는 사람들 중에 자기 도움을 받는 어떤 사람을 무시하는 이도 혹 가다 있다. 사회복지 활동을 하는 사람들 중에는 어쩌다 자기가 상대하는 복지수혜자들 중에 어떤 사람들을 깔보거나 무시하는 투로 말하는 이도 있다.

최태섭 장로님에게는 이런 것이 전혀 없었다. 자신 곁에 있는 사람들에게 언제나 깍듯하셨다. 자기 도움을 받는 사람의 마음을 배려하며 그들을 항상 존중하셨다. 이런 마음과 태도가 얼마나 어려운지 우리는 우리 자신의 평소 언행을 잠깐만 살펴보면 금방 알 수 있다.

우리 인생은 크게 두 가지 종류로 나누어진다. 작품인생과 상품인생이 그것이다. 상품인생은 시간이 지나면 낡아지고 가치가 점점 떨어진다. 작품인생은 세월 지나갈수록 나이가 들면서 오히려 값이 올라간다.

상품인생과 작품인생의 차이가 어디에서 생기나? 하나님 말씀을 가슴과 영혼에 품고 사느냐에 따라 그 차이가 생긴다. 하나님은 우리를 작품인생으로 만드셨다. 하나님의 형상에 따라 창조하신 것이 이런 사실을 단적으로 증명한다. 우리 인생은 무엇인가에 투신하여 시간과 정열을 소비하다가 끝나는 소모인생이거나 상품인생이 아니다. 우리는 이 세상의 주어진 시간과 공간 안에서 최선을 다하며 살다가, 하나님 나라에 들어갈 하나님의 작품이다. 거기서 영원한 평화와 생명을 누릴 작품인생이다.

우리가 이 세상사는 동안 상품인생에서 작품인생으로 격상되는 길은 무엇일까? 그것은 하나님 말씀을 자신의 가슴과 영혼에는 물론 손과 발에 적용하며 사는 데 있다.《성경》은 우리에게 인생을 작품으로 만드는 길을 보여준다.

최태섭 장로님은 진정 작품 그리스도인이었다. 장로님께서 하나님 나라로 가신 것이 1998년 5월 31일이니 거의 사반세기가 흘렀다.

나는 사랑에 빚진 자입니다

요즘도 언론인들은 가끔 장로님 이야기를 기사로 싣고자 장로님의 큰아들이신 최영중 장로님에게 연락을 한다. 이는 신앙인이자 경제인으로 사셨던 그분의 향기가 얼마나 큰지를 단적으로 보여준다.

하나님은 수도교회에 자랑거리를 참 많이 주셨다. 그것들 가운데서 으뜸은 교회를 세우고 지켜가신 신앙의 선배들을 향한 존경과 감사다. 수도교회 성도들은 그분들과 같은 시대에 살았고, 함께 신앙생활을 했다는 것을 자랑스럽게 말하는 이들이 많다.

우리 교회는 올해 교회창립 70주년을 맞았다. 이 기회에 교회와 우리를 사랑하셨던 최태섭 장로님, 우리가 사랑했던 최태섭 장로님에 관한 글들을 묶어 책으로 펴낸다, 그분이 남긴 신앙의 향기·생활의 향기를 우리 자신의 것으로 만들어나가기를 감히 소망하면서. 이것은 일상생활 속에서 오블리주 있는 노블레스를 실천하는 교회와 성도가 되고픈 마음에서 나온 것이다.

2022년 5월 인왕산 기슭에서

| 차례 |

제1부 | **나의 인생**

제2부 | 믿음의 경영철학

제3부 | 최태섭 장로님은 이런 분이십니다

제4부 | 수도교회 성도들이 기억하는 최태섭 장로님

결혼 60주년을 맞으며

꽤 오래전부터 나의 삶을 한 권의 책으로 정리해보자는 요청을 많이 받았었습니다. 하지만 나는 나의 삶이 다른 사람들에게 들려줘 도움을 줄 만큼 대단하다고 생각지 않았기에 그런 제의들에 관심을 기울이지 않았습니다. 나는 위대한 업적을 이룬 것도 아니고 후세들에게 귀감이 될 만한 훌륭한 덕을 끼친 것도 없는 평범한 사람입니다.

그런데 이제 이렇게 내 얘기를 책으로 내고자 결심한 것은 그런 요청에 대한 응답이 아니라 아주 사소한 이유 때문입니다. 올해는 내가 여든여섯이 되고, 우리 부부가 결혼식을 올린 지 60년이 되는 해입니다. 부부가 함께 팔순을 넘긴 나이로 60년 동안 탈 없이 해로한다는 것은 그렇게 흔한 일이 아닐 것입니다.

이것은 내가 하나님과 나의 이웃들로부터 넘치도록 큰 은혜와 많은 축복을 받았기에 가능한 일입니다. 나의 인생에 쏟아진 그런 큰 은혜와 축복에 대한 고마움을 어떻게든 표현해야겠다는 생각이 들었습니다.

우리 부부의 60년 해로를 축하해주는 가까운 친지들과 지인들에게 내가 살아온 이야기를 정리해서 전해준다면 어느 정도 나의 고마움이 전달될 수 있지 않을까 하는 마음으로 이 글을 준비했습니다. 나의 삶과 생각이 특별하게 의미 있다든가 다른 사람의 귀감이 될 만한 것이라고 생각지는 않지만 만의 하나 내가 남이 보기에 조금이라도 선한 일을 한 것이 있어 보였다면 그것은 나의 인격을 이끈 기독교 정신이 그렇게 한 것입니다. 오직 내가 가장 자신 있게 말할 수 있는 것은 평생 동안 나에게 주어진 길을 성실하게 걸으려고 했다는 사실입니다.

나의 보잘것없는 삶의 이야기가 혹시 앞으로 세상을 살아야 할 젊은이들 가운데 누군가에게 작은 도움이라도 줄 수 있다면 이 책을 펴낼 결심을 한 나의 무모한 용기도 이해받을 수 있을 것이라고 생각합니다.

재미없는 남편과 반세기 넘게 살아오면서 내조를 아끼지 않은 나의 아내와 사랑하는 가족들에게 이 글을 바칩니다.

이 글을 써내도록 독려하고 여러가지 도움을 베풀어준 여러 친지들에게 고마움을 전하며 인사를 드립니다.

제1부

나의 인생

그리운 고향과 오산학교

1910년 8월 26일, 〈한일합병조약〉으로 우리나라의 국권을 일본에 빼앗겼던 해에 나는 평안북도 정주군 염호동에서 태어났다.

그곳은 정주 읍내로부터 30리, 많은 독립운동가들의 고향이었던 곽산 읍내로부터도 15리 길이나 떨어져 있던 전형적인 시골 마을이었다. 마을 사람들은 농사를 지으며 살았고, 나의 아버지도 마찬가지셨다.

정주는 북쪽에 비교적 높게 솟아오른 산이 있기는 해도 대체로 평지가 많아서 일찍부터 농업이 발달한 곳이었다. 하지만 결코 풍족한 삶은 아니었다. 왜냐하면 일본제국주의에 나라를 빼앗긴 식민지의 땅이었기 때문이다.

1919년 3·1만세운동이 일어나던 해에 나는 소학교에 입학했다. 소학교에 들어가기 전에도 집에서 아버지가 사다준 〈천자문〉을 읽으며 공부를 했었다. 우리 아버지는 평범한 농부셨지만 어려운 집안 형편에도 불구하고 자식들에 대한 교육열은 남다른 분이셨다.

소학교에서의 생활은 즐거웠다. 소학교에는 〈천자문〉만으로는 배울 수 없는 신교육이란 것이 있었다. 나는 새로운 세계와 우리가 처한 현실에 대해 비로소 눈뜨기 시작했다.

또한 어린 시절의 경험 중 주일학교에 대한 추억을 빼놓을 수는 없다. 정주 지방은 기독교가 일찍부터 들어와 교세가 벌써 상당한 편이어서 우리 시골 마을에도 이미 예배당이 있었다. 나는 주일학교 선생님들이 들려주는 《성경》 이야기와 동화가 재미있어서 유년 주일학교 예배에 열심히 다녔었다.

선생님들은 《성경》 속 인물들의 이야기를 동화처럼 재밌게 들려주셔서 나는 그 시간을 무척 좋아했다. 모세와 여호수아, 요셉과 야곱, 그리고 사무엘과 다윗 같은 인물의 이야기를 들으며 상상의 나래를 펼 수 있었고 교회와 친해질 수 있었다.

내가 소학교를 졸업하던 그 해, 젊은 나이에 아버지가 갑자기 돌아가시는 슬픈 일을 당했다. 아버지의 죽음으로 넉넉지 못한 살림살이가 더욱 힘들어질 수밖에 없었다.

상급학교 진학을 앞두고 기대에 부풀어 있던 어린 소년은 낙망했다. 실의에 빠진 나는 더 이상 소학교에 다닐 수는 없다고 생각했다. 이제 장남인 내가 아버지를 대신해 농사를 짓고 가족들을 부양해야 될 형편이었다.

일찍이 기독교 신자가 되었던 어머니는 신교육의 필요성에 대해 잘 이해하고 계셨다. 더욱이 아버지의 교육열을 잘 알고 계셨던 터라 어머니는 상급학교의 진학을 포기하려는 나를 호되게 나무라셨다.

"앞으로는 배우지 않고서 사람 구실 못한다. 네 아버지가 지금 너에게 뭘 원하실지 잘 생각해보거라. 공부를 중단하고 농사나 짓기를 바라시겠느냐?"

아버지가 돌아가신 지금 어려워진 집안 살림을 나라도 도와야 하지 않겠느냐는 나의 말을 어머니는 일언지하에 거절하셨다.

"그건 어린 네가 걱정할 일이 아니다. 그런 걱정은 어른인 내가 하면 된다. 사람들에게는 각자의 몫이 있는데, 지금 너의 몫은 공부를 계속하는 일이다."

어머니의 말씀이 너무나 단호해서 나는 어머니의 뜻에 순종해야 한다는 사실을 깨달았다. 상급학교 진학 문제에 있어 어머니는 시설 좋은 평양이나 신의주로의 유학을 권하셨다. 하지만 나는 상급학교에 진학한다면 오산학교에 가서 배우리라고 이미 마음을 정하고 있었다.

오산학교에 대한 소문은 익히 들어왔기 때문이다. 정주 출신의 선각자 남강 이승훈 선생에 의해 1907년에 설립된 오산학교는 민족의식과 기독교정신을 바탕으로 백성을 계몽할 수 있는 지도자들을 양성해내고 있었다. 나는 이 학교에 대한 우호적인 소식을 여러 기회를 통해 자주 들어왔고, 그래서 자연스럽게 오산학교를 선망하게 되었던 것이다.

3·1만세운동은 정주 지방에서도 활발하게 전개되었는데 그 시

나는 사랑에 빚진 자입니다

위의 중심이 바로 오산학교였다.

오산학교의 창립자인 이승훈 선생은 3·1만세운동의 기독교계 대표셨다. 이 일로 이승훈 선생은 심한 옥고를 치르게 되셨고 일본 헌병들은 오산학교를 불태워버렸다. 그렇지만 내가 상급학교 진학을 앞두고 있을 무렵에는 여러 사람의 헌신적인 노력으로 다행히 학교가 다시 개교하고 있었다.

나는 어머니에게 오산학교로 진학하겠다고 말씀드렸다. 오산학교가 아니면 상급학교에 진학하지 않겠다고 나는 고집을 부렸고 결국 어머니는 허락하셨다.

그렇게 해서 나의 오산학교 생활이 시작되었고 그곳은 나의 정신적 고향이 되어갔다. 오산학교는 전교생이 기숙사 생활을 했기 때문에 나도 기숙사에 들어갔다. 그곳에서 먹고, 자고, 배우며 훌륭한 스승들로부터 삶 자체를 배우고 익혔다.

오산학교는 나에게 세상을 보는 눈을 심어주었고, 인생 설계에 대한 지침을 제공해주었다. 그 지침은 바로 기독교 정신과 민족주의였다. 그 두 개의 가치는 이후 나에게 평생의 삶을 지탱한 기둥이 되었다. 그렇게 큰 가르침을 준 오산학교였기 때문에 나는 오산학교에 빚진 자이다.

오산학교는 모든 일을 자치적으로 운영했다. 기숙사 생활도, 시험도, 회의도 자치적으로 운영했다. 그래서 학교는 가족적인 분위기가 넘쳐났다. 선생과 학생이 함께 토론하고 운동하고 민족의 장래를 걱정하곤 했다. 앞으로의 계획들에 대한 진지한 토론도 했다. 돌아보면 오산에서 보낸 모든 시간이 내게는 참으로 소중한 날들이었다.

오산학교에는 훌륭한 선생님들이 많았다. 그 가운데서도 남강 이승훈 선생과 당시 우리 학교의 교장이셨던 고당 조만식 선생은 참으로 큰 가르침을 주신 스승이다.

그분들은 우리 학교에서뿐만 아니라 사회에서도 많은 젊은이들로부터도 존경을 받으셨다. 그분들은 학생들과 함께 기숙사에 살면서 모든 것을 솔선수범하셨고 직접 본을 보이셨다. 내가 오산학교에서 배운 것은 단순한 지식이 아니라 올바른 삶의 태도였다.

나는 남강 선생님이 화장실 청소를 직접 하시는 걸 보았다. 눈 오는 날이면 혼자서 몰래 운동장의 눈을 치우시는 것도 보았다. 남이 꺼려하는 일을 도맡아하시는 분이었다. 나는 그분에게서 말이 아니라 몸으로 가르치는 참된 스승의 모습을 보았다.

기독교 장로이기도 했던 고당 선생은 《성경》을 즐겨 인용하며 사랑과 희생의 삶을 강조하시곤 했다.

"참다운 인간이 되기 위해서는 눈물과 땀과 피가 항상 넘쳐흘러야 한다. 또한 청년은 행실이 올바르고 기상이 높아야 한다. 행실이 바르지 않은 청년은 썩은 사람이고, 기상이 높지 않은 청년은 죽은 사람이다."

특히 물산장려운동(일제의 경제침략에 대항하여 민족경제를 자립시키기 위해 전개된 범국민적 운동)에 앞장서신 것과 고향을 묻지 말라고 하셨던 말씀은 지금도 중요하게 생각해야 할 것들이다. 그분은 말씀을 통해 늘 청년의 기상을 고취시키려 하셨고, 민족애를 북돋우고자

나는 사랑에 빚진 자입니다

하셨다.

민족의 앞날이 청년들의 어깨에 달려 있음을 역설하시던 그분의 가르침은 나의 마음속에 아직도 생생하게 살아 있다.

그런 가르침들이 서서히 스며들어 나의 인생관과 세계관을 세우는 데 밑거름이 되었음을 고백하고 싶다. 참으로 내가 배운 것은 말이 아니라 삶이었다.

말이 아니라 삶이어야 한다는 것, 삶을 통해 자신의 말을 증거해야 한다는 것, 그것은 오산학교가 나에게 스승으로서 가르쳐준 가장 중요한 교훈이었다.

나는 어디로 가야 하는가

4학년 1학기 때의 일이다.

오산학교 전체를 감싸고 있던 민족주의적 분위기는 앞으로 무엇을 할 것인가를 고민하던 나에게 독립운동에 투신하기로 결단을 하게 만들었다.

실제로 오산학교의 선배들 가운데는 학교를 그만두고 독립운동을 위해 해외로 빠져나가는 사람이 많았는데, 선배들이 보내온 편지를 돌아가며 읽는 우리들의 마음은 이미 독립운동가들과 함께 광야를 달리고 있었다.

실제로 상해로 가자는 움직임도 있었는데 그 일을 주도했던 학우는 나와 같은 고향 출신으로 한두 해쯤 나보다 선배였던 최봉관이었다. 그는 아버지가 시골 의사로 집안이 꽤 좋은 편이었지만, 평소부터 열렬한 항일의식을 가지고 공공연하게 자기 의사를 표명해서 늘 일제의 감시를 받고 있던 터였다.

나는 사랑에 빚진 자입니다

어느 날 그는 많은 학우들 앞에서 자기의 신념을 토로했다.

"지금 이 땅에서 우리가 가장 시급하게 해야 할 일이 무엇인지 생각해봅시다. 일제에게 강탈당한 나라를 되찾는 것 아니겠습니까! 대체 누가 그 일을 하겠습니까! 남의 나라 사람입니까? 아니면 일제가 도로 돌려줄 것 같습니까? 아닙니다. 강도는 훔쳐간 것을 도로 돌려주는 법이 없습니다. 싸워야 합니다. 싸워서 되찾아야 합니다. 그럼, 그 일을 누가 하겠습니까! 바로 우리 자신입니다. 우리의 이 젊음을 어디에 쓰겠다고 아끼겠습니까!"

평소에도 나는 그를 신임해하고 있었는데 그날 그의 열변은 나의 마음에 불을 붙였다. 나 말고도 그 의견에 동조하는 친구들이 더 있었다. 우리는 함께 모여 몇 차례의 비밀회의를 하며 계획을 구체화시켰다. 결행할 날짜가 잡히자 우리는 각자 집으로 돌아가 가족들에게 우리들의 뜻을 전하기로 하였다.

내가 상해로 떠날 결심을 말씀드리면 나의 뜻을 이해하고 격려해주실 것이라 기대했지만 어머니의 반응은 의외였다. 처음에는 망연자실한 표정으로 아무 말씀도 못하고 계시다가 한참 만에 눈물을 흘리며 고개를 설레설레 저으시는 것이었다.

상해로 가겠다는 일념에만 불타올라 어머니가 반대하리라는 생각은 추호도 하지 못했는데 막상 어머니의 눈물을 대하고 보니 나는 갈등하지 않을 수 없었다. 아버지 대신 막일과 농사를 지으시느라 더 늙어버린 어머니와 이제 겨우 열 살인 동생 태선이에 대한 책임이 나에게 있다는 것을 깨달았다.

더구나 장남인 내가 공부한다고 집을 떠나 있었으니, 생활이 더 어려워진 것은 뻔했다. 어려운 살림살이에도 불구하고 어머니가 나를 공부시키고자 하시는 뜻도 돌이켜 생각해보게 되었다. 이러한 상황인데 어머니의 뜻을 어기고 막무가내로 내 고집만 부릴 수는 없었다.

친구들과 약속한 날짜는 돌아오는데 마음을 정하지 못한 나는 너무나 초조하고 괴로웠다. 어머니와 동생에 대한 의무감에 매달리다 보면 친구들의 의기가 떠올랐고, 친구들과의 약속을 떠올리면 혼자되신 어머니의 거친 손이 떠올랐다.

나는 끝내 아무런 결정도 내리지 못하고 말았다. 결국 나는 친구들과의 약속을 버리고 가족들을 선택한 것이 되어버린 셈이었다. 나는 그들 앞에 얼굴을 내밀 수가 없었다. 무엇보다도 친구들에게 미안했고, 그들을 배신했다는 자책감이 나를 괴롭혔다.

다시 학교로 돌아갈 수도 없었다. 나는 독립운동을 하기 위해 상해로 떠난다고 친구들과 함께 학교를 떠나온 몸이었기 때문이다. 친구들은 학우들의 당부와 격려를 어깨에 지고 먼 길을 떠났는데, 어떻게 나만 다시 학교로 돌아간단 말인가.

그래서 나는 그날 이후 다시 학교로 돌아가지 못했다.

그 이후로 얼마 동안 나는 목적도 없이 방황하며 시간만 하염없이 흘려보내고 있었다. 고향집에 앉아 있어도 상해로 떠난 친구들의 얼굴이 자꾸만 떠올라서 괴로웠다. 학교로 돌아갈 수도 없고 집안일도 손에 잡히지 않았다.

나는 사랑에 빚진 자입니다

그러던 어느 날 남강 이승훈 선생의 돌연한 사망 소식이 전해져 왔다. 그의 죽음은 온 민족의 슬픔이었지만 오산이 가장 크게 슬퍼하였다. 오산의 젊은이들은 어버이 같은 스승을 잃은 슬픔에 잠겼다.

그런데 그분의 죽음은 오히려 나를 좌절과 절망 가운데서 일으켜 세우는 힘이 되었다. 나는 선생께서 절망 가운데 웅크리고 있는 나를 죽음으로 책망하시는 것처럼 느껴졌다. 비로소 나는 나의 잘못을 깨달았다. 나의 잘못은 친구들과 함께 상해로 떠나지 않은 데 있는 것이 아니라, 그 일을 빌미로 절망 속에 빠져든 데 있었다.

'그토록 젊은이의 기상을 강조하시던 선생님의 뜻을 내가 잊고 있었구나. 나의 이런 모습은 선생님께서 바라는 바가 아니다.'

나는 이루지 못한 상해행의 꿈을 위해서라도 마음을 잡고 무엇인가를 새롭게 시작해야 한다는 걸 깨달았다. 나는 마침내 자리를 박차고 일어나 진지하게 기도하며 고민했다. 하나님이 나의 상해행을 좌절시키신 데에는 무언가 다른 뜻이 있어서일 거라고 생각하기 시작했다.

그러다가 나는 경성에서 활약하고 있는 이인 변호사에 대한 이야기를 알게 되었다. 이인 변호사는 당시 독립운동을 하다가 붙잡힌 독립투사들을 위해 앞장서서 무료로 변론하는 것으로 잘 알려진 분이었다. 서슬이 시퍼런 일제를 상대로 다른 변호사들은 감히 하지 못하는 일을 맡아 이인 변호사는 혼자서 민족의 입장을 당당히 주장하셨는데 그런 그분의 용기는 나뿐만 아니라 이 땅의 모든 젊은이에게 큰 감명을 주었다.

이인 변호사는 내게 상해나 만주로 달려가서 총칼을 들고 싸우는 것만이 독립운동이 아니라는 사실을 깨닫게 했다. 그래서 나는 일본의 눈치를 보지 않고 소신껏 일할 수 있는 변호사제도에 대해 알게 되었고 그것이 나를 매료시켰다.

당시에는 법과대학을 나오지 않아도 시험에 합격하기만 하면 누구든 변호사가 될 수 있는 조선변호사시험이라는 제도가 있었다. 물론 그 시험에 합격하기란 여간 어려운 것이 아니었지만, 나라 잃은 식민지의 억울한 동포들을 위해 일하기 원하는 젊은 청년에게 이 시험은 기꺼이 도전할 가치가 있는 일로 여겨졌다. 그리고 아마도 이것이 나를 향한 하나님의 계획일지도 모르겠다는 생각이 들었다.

나는 그 길로 법률서적을 구해서 밤낮을 가리지 않고 법률공부에 매달렸다. 특히 억울한 일을 당하는 우리 동포들에게 실제적인 힘이 되어줄 민법과 형법 공부를 열심히 하였다.

그런데 문제는 생각지도 못한 곳에서 터졌다. 일본 제국헌법 제1조에 일왕을 신성으로 받들어야 한다는 구절이 있었던 것이다. 일본은 오래전부터 일왕을 신으로 모셨을 뿐만 아니라 우리 조선 동포들에게도 일왕을 신으로 모실 것을 강요했다.

당시 이 문제는 기독교 지도자들 사이에 격렬한 논쟁과 심각한 갈등을 일으키고 있었다. 나중에는 신사참배 거부로 순교당하는 목사님들까지 생기게 되었다.

유일신 하나님을 섬기는 기독교인이었던 나는 갈등에 휩싸였다. 하지만 생각을 거듭할수록 자꾸만 고개가 저어졌다. 하나님이 자신

나는 사랑에 빚진 자입니다

20대의 모습

남강 이승훈 선생의 돌연한 사망 소식이 전해져 왔다.

그의 죽음은 온 민족의 슬픔이었지만 오산이 가장 크게 슬퍼하였다.

나는 선생께서 절망 가운데 웅크리고 있는 나를

죽음으로 책망하시는 것처럼 느껴졌다.

비로소 나는 나의 잘못을 깨달았다.

나의 잘못은 친구들과 함께 상해로 떠나지 않은 데 있는 것이 아니라,

그 일을 빌미로 절망 속에 빠져든 데 있었다.

하나님이 나의 상해행을 좌절시키신 데에는 무언가

다른 뜻이 있어서일 거라고 생각하기 시작했다.

을 배반하는 기회로 자신의 백성을 이끌 리가 없기 때문이었다.

하나님의 법을 따를 것인가 세상의 법을 따를 것인가 하는 갈림길에 나 자신이 서 있다는 걸 깨닫자, 더 이상 머뭇거릴 수 없었다. 당연히 나는 하나님의 법을 따라야 한다고 판단했다. 나라를 빼앗긴 것도 억울한데 정복자의 군주를 하나님으로 섬기는 일까지 할 수는 없었다. 민족을 위한 사명감을 가지고 시작했던 2년여의 법률공부는 그렇게 해서 끝이 났다.

나는 나의 인생을 다시 설계해야 하는 자리로 돌아왔다. 아쉬운 마음이 들긴 했지만 상해행을 포기했을 때와 같은 절망감은 들지 않았다. 하나님은 내게 어떤 일을 맡기시려는 걸까. 아직은 분명하지 않았다. 더 기도하며 준비해야 한다는 것만이 분명한 사실이었다.

첫 사업의 실패로 얻은 교훈

변호사 시험을 포기한 후 나는 다시금 인생의 진로를 놓고 고민에 빠졌다. 나이도 들 만큼 들었고 집안 형편도 내가 책임져야 했기 때문이다. 공부한다는 핑계로 그동안 가족들을 돌보지 않은 자신이 부끄럽게 여겨지기도 했다. 나는 우리 집안의 장자였기 때문에 일하지 않으면 안 되었다.

그 무렵 우리 가족은 고향 정주를 떠나 황해도 사리원에 살고 있었는데, 나는 그곳에서 잠시 직장생활을 했다. 친구의 아버지가 경영하던 기선권농주식회사에 친구의 주선으로 들어가 그곳에서 일할 수 있었던 것이다. 그러나 얼마 후 우리 가족은 친척이 살고 있던 평양으로 옮겨갔고, 사리원을 떠남에 따라 나의 첫 직장생활도 금방 끝이 났다.

평양에 먼저 이주해 있던 친척이 소규모의 정미소를 운영하고 있어서 나는 그곳을 두 번째 직장으로 삼았다.

기선권농주식회사에서의 짧은 직장생활과 친척집의 정미소 일을 도운 경험이 나에게 개인사업의 매력을 일깨워주었다. 특히 개인사업에 마음이 끌렸던 것은 일본인들의 간섭을 비교적 덜 받는다는 점 때문이었다. 게다가 주변에서는 내게 사업수완이 있어 보인다고 했고 나도 나에게 주어진 일일지 모른다는 생각도 들었다.

그렇다면 이제 어떤 사업을 하느냐가 문제였다. 당시 우리나라 사람이 할 수 있는 사업이란 지극히 제한되어 있어서 양조업이나 정미업, 소규모의 신발공장 정도가 고작이었다. 일제의 간섭과 통제도 문제였지만 한국 사람으로서는 큰 자본이나 기술을 필요로 하는 제조업을 할 여력이 안 되었기 때문이다. 당시 우리나라 사람이 경영하던 근대적 의미의 기업으로는 경성에 있던 경성방직(현재의 경방)이 유일했다.

나는 사업을 시작하기에 앞서 주위 사람들과 의논을 했다.

"무슨 사업을 하는 것이 좋겠습니까?"

대부분이 나에게 양조업을 권했다.

"돈을 벌려면 양조장을 하는 것이 제일 빠르다."

그러나 나는 민족을 위해 무언가 뜻있는 일을 해보리라 기대하며 사회에 첫발을 내딛는 사람으로서, 더구나 한때 독립투사가 되려는 꿈까지 꾸었던 오산의 젊은이가 동포들에게 술을 팔아 돈을 벌 수는 없다고 생각했다.

무슨 일을 하든지 돈만 벌면 된다는 생각은 나 자신이 용납할 수 없었다. 나는 교회에서도, 학교에서도, 집에서도, 어디에서도 그렇

나는 사랑에 빚진 자입니다

게 배우지 않았던 것이다.

내가 다니던 교회의 목사님은 정미업을 추천하셨다. 농촌에 도움도 되고 또 어느 정도 경험도 있으니 유리하지 않겠느냐는 의견이었다. 결국 나는 목사님의 조언에 따라 정미업을 시작했다. 당시 쌀 한 가마의 값이 5원이었는데, 친척으로부터 돈을 빌리고 재산을 정리하여 1만 원 정도의 자본금을 가지고 시작했다. 그때가 내 나이 스물두 살이었다.

장사는 생각보다 훨씬 잘되었고 오래지 않아 빌린 돈을 갚고도 꽤 많은 돈을 모을 수 있었다. 많은 사람들이 부러워하며 감탄했다. 나는 우쭐해졌다. 사업이란 게 별것 아니구나 싶었다. 별다른 경험도 없는데 이 정도로 사업을 키운 나 자신이 스스로도 대단하게 여겨졌다.

본래 나의 성품은 진득하고 차분한 편이다. 별로 말이 없는 편이라 그런지 예의 바르고 겸손하다는 말도 들었다. 그러던 성격이 나도 모르게 점차 변해갔다. 자신감이 지나쳐서 교만해진 것이었다. 젊은 나이에 너무 쉽게 돈을 벌게 되었기 때문일 것이다. 나는 안하무인이 되어 세상을 내 멋대로 살려고 했다.

사업상 갖게 되는 술자리도 빈번해졌다. 사업을 시작하기 전에는 술을 입에 대지도 않았었는데 이러저런 핑계와 구실로 요릿집을 자주 드나들게 되다 보니 술에 취하는 일도 생겼다. 나는 이제 겨우 스물두서너 살밖에 안 된 청년이었고, 세상의 유혹을 이겨내기엔 너무 어렸다. 그래도 주일마다 교회는 나갔지만 형식적이었고, 열심히 하던 사업마저 소홀하게 되었다.

지금 돌이켜보면 그 당시 나는 무엇에 홀렸던 게 아닌가 싶을 정도이다. 너무 쉽게 돈을 번 탓으로 애초에 내가 작심하고 꿈꾸었던 젊은이의 기상들이 일시에 무너져 내리는 순간이었다. 돈은 좋은 것이지만, 그것이 좋은 까닭은 그것을 통해 유익하고 가치 있는 일을 할 수 있기 때문이라는 사실을 그때는 깨닫지 못했다. 돈은 어떻게 사용하느냐에 따라서 가장 좋을 수도, 가장 나쁠 수도 있다는 사실을 그때는 몰랐다.

처음 시작할 때의 마음과는 달리 조금 장사가 잘되는가 싶자, 이것이 평생 내가 할 일이란 말인가 하는 회의가 자꾸만 들었고 그때마다 나는 괴로웠다.

그리고 정미소사업에 뛰어들 때는 개인사업이 일제의 간섭과 눈치를 보지 않고 할 수 있는 일이라고 판단했었지만 직접 장사를 해보니 사정이 꼭 그렇지만도 않았다. 일제의 간섭과 눈치는 개인사업에도 있었고 우리나라가 저들의 식민지로 있는 한 어쩔 수 없는 일이었다.

가끔씩 술에 취한 날 밤에는 독립운동을 하겠다고 상해로 떠난 친구들의 얼굴이 떠오르곤 했다. 그러면 정미소를 하고 있는 나 자신이 마치 현실과 타협하고 있는 것처럼 느껴졌고 더욱 초라하고 쓸쓸하게 여겨졌다. 그러다 보니 처음의 의욕은 차츰 시들해지고 사업에도 신경을 덜 쓰게 되었다.

결국 정미소는 문을 연 지 2년도 채 안 되어서 문을 닫고 말았다.

나는 사랑에 빚진 자입니다

경험도 없이 사업을 시작한 데다 수입과 지출을 어떻게 관리해야 하는지도 몰랐기 때문이다. 워낙에 주먹구구식의 운영을 하기도 했고 갚아야 할 돈은 먼저 갚으면서도 받을 돈은 제때에 받아내지 못한 것도 부실의 원인이 되었다. 마침내 정미소를 처분할 결심을 했다.

나는 내 첫 사업이 실패한 원인을 여러모로 따져보았다. 여러 가지 원인이 있었지만 사업에 실패한 가장 큰 원인은 내가 사업에 대한 의식이 부족하다는 것이었다. 물론 나에게 사업가의 자질 있다는 것은 의심하지 않았다.

문제는 내가 하는 정미소 일에 전적으로 매달리지 못하게 하는 무엇인가가 있다는 사실이었다. 그것이 나로 하여금 온전히 사업에 매진하지 못하게 했고 그래서 결국은 실패했던 것이다.

오산의 정신을 생생하게 간직하고 있던 20대의 청년, 최태섭의 마음속에는 언제나 좀 더 의미 있고 창조적이며 보람된 일, 우리 민족에게 유익한 일을 해야 한다는 생각이 강박적으로 자리 잡고 있었다. 나는 오산을 중도에 떠났지만 오산으로부터 자유로울 수는 없었다.

하지만 우리 민족 모두에게 유익한 일을 한다는 것이 식민지의 청년에게는 참으로 어려운 일이었다. 그런 현실을 제대로 파악하지 못한 채 정미업에 손을 댄 것은 이미 실패의 요인을 안고 출발한 셈이었다. 내가 일하고 살아가는 이 땅이 일제 치하의 식민지라는 것은 내가 뛰어넘을 수 없는 커다란 벽이었다. 그 사실이 나를 좌절하게 하고 나의 의욕을 꺾었다.

나는 나 자신을 새롭게 무장해야 할 필요를 느꼈다. 뭔가 다른 대안이 있어야 했다. 나는 스스로를 아직 젊다고 타이르며, 얼마든지 다시 시작할 수 있다고 확신시켰다. 소신을 바쳐 일할 수 있는 새로운 일을 찾는 것이 간절히 필요했다. 그래서 고향으로 내려갔다. 생각을 정리할 시간을 가져야 했기 때문이다.

나는 사랑에 빚진 자입니다

만주에서 다시 일어서다

만주로 떠나자!

첫 사업인 정미업에 실패하고 고향에 내려와 앞으로의 행로에 대해 고민하다 내린 결론이었다. 나는 보람을 느끼며 소신 있게 매달릴 수 있는 일을 하고 싶었다. "새 술은 새 부대에"라는 말처럼 새로운 시작을 새로운 땅에서 하고 싶었다.

그때 당시 일제의 경제적 착취를 견디다 지친 많은 사람들이 간섭이 조금 덜한 만주로 떠나고 있었다. 농사짓는 땅을 일제에게 빼앗긴 농민들은 끝내 정든 고향을 버리고 만주로 떠날 수밖에 없었던 것이다.

일제의 동양척식주식회사는 우리 농민들의 토지를 빼앗아 일본에서 건너온 농업 이민자들에게 불하했다. 땅을 빼앗긴 조선의 농민들은 만주로 떠날 수밖에 없었다. 이는 토지와 함께 이 땅에서 살아갈 희망마저 빼앗아가버린 만행이었다.

1910년 이후 한국 사람의 만주 이민은 매년 1만 명을 넘었고, 1926년까지 무려 29만 9천여 명의 조선 사람이 만주로 이민했다. 그들은 대부분 동양척식주식회사에 토지를 빼앗긴 영세 농민들이었다.

새로운 터전을 찾아 나선 사람들은 대부분 농사를 짓기 위해 서간도로 갔지만, 나는 사업이 하고 싶었었기 때문에 당시 상업도시로 이름나 있던 선양(옛 지명은 심양)으로 떠났다.

나에게 선양은 낯선 땅이었다. 그러나 가족들을 평양에 두고 혼자 온 나는 두려울 것이 없었다. 나는 일단 마음을 정하면 흔들림이 없는 성격이었다.

도움을 청할 곳도, 의지할 사람도 없는 이 낯선 땅에서 나는 무엇을 해서라도 살아남아야 했다. 그리고 나의 꿈을 펼쳐야 했다. 무엇을 할 수 있을까? 나는 무슨 일을 할 것인지를 결정하기 위해 선양 시내를 돌아다녔다. 이곳의 특산물이 무엇인지, 이 도시의 특징이 무엇인지를 알아보기 위해서였다.

그 결과 알게 된 것은 만주 지방은 밭농사가 성해 콩이 많이 산출된다는 사실이었다. 따라서 콩기름과 콩을 이용한 가공업이 번창하고 있었지만 그 가공업의 수준은 형편없이 낮았다. 전반적으로 수준이 낮다는 것은 개선의 여지가 있다는 것이고 초보사업가인 나에게도 성공의 여지가 높다는 말이었다.

콩이나 콩기름을 이용해서 만들 수 있는 괜찮은 물건이 무엇일까를 생각하며 시장을 돌아다녔다. 그러다가 시중에서 구할 수 있

　　　　　　　　　　나는 사랑에 빚진 자입니다

는 세탁비누의 질이 현저하게 낮다는 것을 알았다. 그래서 세탁비누 만드는 일에 손을 대기로 했다. 콩기름을 이용해 비누를 만드는 것은 확실히 수지 타산이 맞을 것 같았다.

당시 나에게는 정미소를 처분하고 남은 돈이 약간 있었다. 그 돈으로 약 10평 정도 되는 방을 얻어 동화공창이라는 이름을 지었다. 사업품목도 정해졌고 작업장도 마련되었다. 이제 기술자만 찾으면 되었다.

그러나 만주에서 기술자를 찾기란 생각처럼 쉽지 않았다. 그래서 고국에 있는 친구들에게 비누기술자 아는 사람이 있으면 보내달라고 여기저기 말을 해놓았다.

그러던 어느 날 이씨 성을 가진 사람이 자신이 세탁비누 기술자라며 스스로 찾아왔다. 친구들의 얘기를 듣고 온 모양이었다. 나는 그저 같은 조선 사람이라는 이유만으로도 반갑고 기뻐서 그를 채용했다.

지금이야 폐식용유나 그 밖의 첨가물을 넣어 손쉽게 비누를 만들 수 있지만 당시에는 비누를 만드는 것이 기술이 필요한 전문적인 일이었다. 비누 제조 공정에 대해 아는 게 별로 없던 나는 그를 도와 함께 비누 제조 작업에 들어갔다. 유지를 구하고, 첨가물을 넣고, 분리해서 거르고 하는 등 복잡한 과정과 기다림 속에서 며칠을 지냈다.

드디어 우리의 첫 번째 작품이 완성되었다. 흥분을 감추지 못한 나는 얼른 비누 덩어리를 잘라 준비해둔 빨랫감에 비누칠을 해보았다.

그런데 이게 어찌된 일인가. 비누 거품이 일지 않는 것이었다. 당황한 나는 이씨를 보았다. 나와 눈이 마주 친 이씨는 급히 고개를 떨구었다. 고통스런 침묵이 흘렀다.

"도대체 이게 어떻게 된 일입니까?"

내가 다그치듯 묻자 이씨는 가까스로 입을 열었다.

"죄송합니다, 사장님. 사실은 저도 비누를 처음 만들어보았습니다. 이렇게 저렇게 하면 된다는 얘기만 듣고 어떻게든 일자리를 얻어볼 생각으로 거짓말을 했습니다. 정말 죄송합니다……."

어이가 없었다. 이런 일이나 당하려고 내가 고국을 떠나 이 낯선 만주 땅에 왔던가. 이국에서 같은 조선 사람에게 사기나 당하려고……. 고국에 있는 가족들의 얼굴이 떠올랐다. 처음 만주 땅에 와서 일거리를 찾느라 여기저기 다니던 일, 얼마 되지 않는 자본금을 가지고 비누사업을 시작해보겠다고 뛰어다니던 일, 기술자가 왔다고 좋아하던 일들이 떠올랐다.

이씨에 대한 배신감과 분노가 치솟았다. 당장 호통을 쳐서 이씨를 내 앞에서 내쫓아버리고 싶었다. 그렇게라도 해야 속이 후련할 것 같았다. 눈을 똑바로 뜨고 이씨를 쳐다보았다.

이씨는 사색이 된 얼굴로 와들와들 떨며 서 있었다. 참으로 초라한 모습이었다. 그 모습을 본 순간 가슴에 치밀어 오르던 분노가 잠시 가라앉았다. 그리고《성경》말씀이 한 구절 퍼뜩 떠올랐다.

"일흔 번씩 일곱 번이라도 용서하라."

　　　　　　　　　　　　　나는 사랑에 빚진 자입니다

갑자기 마음 한 구석에서 그가 불쌍하다는 생각이 일었다.

'그래, 저 사람도 나처럼 이 낯선 땅에서 살아보겠다고 발버둥치는 한국 사람 아닌가. 오죽하면 동포에게 그런 거짓말을 했을까.'

그런 생각을 하자 마음이 편안해졌다. 그리고 비록 실패는 했지만 기왕 시작한 것 어떻게 해서든 세탁비누를 만들어야겠다는 생각이 들었다. 그것만이 이 난관을 벗어나는 유일한 길처럼 보였다. 이런 생각에 이르자 나는 이씨에게 천천히 다가갔다.

"이미 엎질러진 물인데 지나간 일을 어떡하겠소. 다시 시작해봅시다. 둘이 힘을 합쳐 연구하면 틀림없이 좋은 비누를 만들 수 있을 거요."

잔뜩 움츠린 자세로 내 말을 듣고 있던 이씨는 믿어지지 않는 듯 나를 쳐다보았다. 나의 진심을 알아차린 이씨는 눈물을 흘리며 말했다.

"고맙습니다. 정말 고맙습니다. 이제부턴 정말 열심히 일하겠습니다."

그 길로 우리는 선양 시내를 돌아다니며 비누란 비누를 모조리 모으기 시작했다. 10평의 작업장은 곧 비누로 가득 찼다. 이씨는 전보다 더 부지런하고 성실하게 일을 도왔다.

자신의 허물을 덮어준 사실을 잊어버리지 않고 열심히 일하는 그를 보면서 인간관계에 있어 중요한 것이 무엇인지를 깨달을 수 있을 것 같았다. 서로에 대한 믿음, 다른 사람의 허물을 덮어줄 줄 아는 사랑과 관용의 마음, 실수를 했을 때 용서하고 한 번 더 기회를 주는 것이 가장 중요한 것이었다.

사람은 누구나 자기를 알아주는 사람을 위해 헌신적으로 일하게 되어 있는 것이다. 이때의 경험은 나중에 더 큰 사업을 이끌어가다가 생겨나는 문제들, 예를 들어 노사문제 같은 것이 발생했을 때 해법이 되어주었다.

우리는 사온 비누를 가지고 쪼개보고, 녹여보고, 끓여보고 여러 가지로 실험을 했다. 힘은 배로 들고 시간도 많이 걸렸지만 결과는 좋았다.

만일 처음과 같은 실패가 없었다면 나는 그렇게까지 비누를 연구하지 못했을 것이고, 비누 제조 과정에 대해서도 제대로 알지 못했을 것이다. 또한 인간관계에 있어서 가장 중요한 용서와 믿음의 교훈을 얻을 수 없었을 것이다.

그렇게 오랜 연구기간을 거쳐 마침내 비누가 성공적으로 만들어진 순간! 그때의 감격을 지금도 잊을 수가 없는데 내 손으로 비누를 성공적으로 만들었다는 사실이 믿기지 않을 정도였다. 조금 두려운 마음으로 비누칠을 하는데 보글보글 일어나는 거품을 보고 느꼈던 그 기분은 말로 다 표현하지 못할 정도였다. 나중에 더 큰 기업을 이끌면서 보람되고 뿌듯한 경험을 많이 하긴 했지만 그때의 감격만한 것은 없었다.

이제 문제는 시판이라고 생각했다. 그러나 그것은 기우였다. 세탁비누를 판매하기 시작하자마자 소매상에서 주문이 쇄도했다. 이미 유통되고 있던 다른 비누보다 거품이 더 잘 일고 때도 더 잘 빠진다는 소문이 났기 때문이다. 질 나쁜 세탁비누에 불만이 많았던 소비자들이 다투어 우리 비누를 찾았다. 성심껏 잘 만든 제품은 결국 소비자도 알아본다는 값진 교훈을 그때 깨달았다.

동화공창의 세탁비누는 곧 선양에서 가장 인기 있는 상품이 되었고, 그 일을 기반으로 공장이 조금씩 성장해갔다. 10평의 공장이 몇백 평 크기로 늘어났고, 비누 외에도 식용유와 양초까지 생산하는 종합유지가공업체로 발전했다.

나는 지금도 동화공창을 생각하면 언제나 열심히 일하고 있던 이씨의 모습이 떠오른다. 그리고 그때의 깨달음을 통해 평생토록 사랑과 믿음으로 사람을 대하려고 노력하고 있다.

평생의 동반자를 만나다

동화공창의 발전으로 나는 크게 용기를 얻었고 비로소 두고 고향에 두고 온 가족에 대해 생각할 여유도 갖게 되었다.

그리고 결혼에 대해서도 생각하게 되었다. 일이 많아지면서 생활이 번거로워졌고, 이국에서 혼자 지내자니 불편한 일도 많아졌다. 무엇보다 내 생활의 규모가 없어질까 염려되었다.

고국에 있을 당시는 정미소사업이 제대로 되지 않아 만주로의 이주를 계획하기에 바빴고, 새로운 꿈을 가지고 고국을 뜰 생각뿐이었다. 새로 시작해서 성공하자는 생각만으로 떠나온 길이었다. 그렇기에 결혼은 꿈도 꾸지 못하는 일이었다.

만주로 떠나오기 전 결혼을 약속한 사람이 있었는데 당장 그녀를 데려올 수는 없었다. 동화공창으로 자리를 잡고 생활이 안정된 다음 해에 나는 그녀를 만주로 데려와 결혼해야겠다는 생각이 들었다.

내가 아내를 알게 된 것은 처음 평양에 와서 정미소 일을 할 때

나는 사랑에 빚진 자입니다

였다. 아내와 나를 맺어준 것은 아내의 언니와 형부였다. 당시 아내의 형부가 정미소 일에 관여하고 있었는데, 그분의 일을 돕다가 그녀를 알게 되었다. 아내는 그때 언니네 집에서 어머니와 함께 머무르고 있었다.

보통의 남녀 간의 관계가 그렇듯이 우리도 처음에는 그냥 알고만 지내는 사이였다. 더구나 아내는 사리원에서 여학교를 다니고 있었기 때문에 자주 만날 수도 없었다. 그 형부 되는 분과 함께 일을 하면서 점점 자주 만나게 되고, 그러다 보니 서로에게 호감을 갖게 되었다.

아내는 활달하고 낙천적인 성격이었다. 주일학교에서 노래할 사람을 뽑으면 벌떡 일어나 노래를 부르는 등 아주 활발한 성격이었다. 예술적인 기질도 뛰어나 여학교를 다닐 때도 행사가 있으면 독창을 하기도 하고, 연극에서 여주인공을 하기도 했다. 노래뿐 아니라 피아노도 잘 쳤다. 나는 꼼꼼하고 차분한 성격인 나와는 대조적인 아내의 그런 성품이나 예술적 재능이 마음에 들었다.

아내의 집안은 독실한 기독교 집안이었다. 한석진 목사님이 시무하시던 신의주제일교회의 초대 장로를 지낸 김영서 장로님이 바로 아내의 아버지셨다. 그분은 고무신 도매업과 정미소 사업을 크게 하시면서도 주일엔 반드시 문을 닫을 정도로 신실한 분이셨고 교회에 헌신적이셨다. 인정 많고 다감한 성격이라 주일에는 교회 앞에 참외 한 가마씩을 갖다놓고 오가는 사람이 집어갈 수 있게 하셨다고 한다. 그런가 하면 3·1만세운동 때는 일경에게 잡혀 옥고를 치

결혼사진

봉천서탑교회에서 목사님의 주례로 결혼식을 올렸다.

그때가 1935년 4월 28일이었다.

아내의 나이 스물한 살, 내 나이 스물여섯 살 때였다.

르기도 하셨다.

아내의 믿음의 문을 열어준 것도 그러한 아버지의 모습이었다고 한다. 다섯 명의 딸들에게 골고루 사랑을 베푸시고 다정하고 포근했던 아버지의 모습이 아내의 마음에 깊이 각인되어 있었다. 아내가 아버지를 쳐다보면서 1전만 달라고 손가락 하나를 들어 보이면, 어머니 몰래 2전씩 주셨다는 아버지를 아내는 무척이나 따랐던 것 같다.

안타깝게도 그런 아버지가 아내 나이 열한 살 때 돌아가셨는데, 그분의 신앙심은 자식들에게 그대로 전수되었다. 아내는 병들거나 어려운 처지에 있는 교우들을 보면 어려운 사람들을 돕던 아버지를 생각하며 우리가 잘사는 것은 아버지의 그 신앙 때문일 거라고 말하곤 한다.

당시 규모가 큰 고무신 도매업을 하는 데다 정미소를 하던 아내의 집안은 우리 집과는 달리 꽤 넉넉한 형편이었다. 그녀가 그런 조건들이 나를 다소 위축시켰고, 그것이 나에게는 그녀와의 관계에서 오히려 방해물처럼 여겨졌다. 호감을 가지고는 있었지만 차마 청혼을 하기가 어려웠다.

그런데 그 집안에서는 나를 잘 본 모양이었다. 특히 아내의 언니가 적극적이었다. 어머니, 언니, 형부와 함께 살고 있던 아내는 당시 사리원여학교를 졸업한 후에 일본 유학을 가려고 준비 중이었다. 그러나 언니의 적극적인 권유로 아내는 유학을 포기하고 평양숭의 전문학교에 입학하게 되었다.

그러던 중에 나는 정미소를 처분하고 만주로 떠나게 되었고, 결혼을 올릴 처지가 못 되자 다만 그녀와 결혼약속을 했다. 나는 만주에서 자리를 잡은 후에 돌아오겠다고 했고 그녀는 내 약속을 믿었다.

내가 만주에서 사업을 하였고 아내는 평양숭의전문학교를 다녔다. 그리고 졸업한 후에 유치원 선생으로 일하고 있었다. 동화공창이 번창하여 자리가 잡히자 나는 이제 그녀와의 약속을 지킬 때가 되었다고 느꼈다.

고국에 정착해서 결혼할 것도 생각해보았으나 이제 막 제대로 움직이고 있는 사업체들을 내버려두고 갈 수는 없었다. 나는 아내를 만주로 불렀고, 아내는 만주로 건너왔다.

조국을 떠나 낯선 땅에서 적응하는 것이 결코 쉬운 문제가 아님에도 불구하고 아내는 묵묵히 나의 뜻을 따라주었다. 나는 그녀에게 미안함과 동시에 고마움을 느꼈다.

우리는 내가 출석하던 봉천서탑교회에서 목사님의 주례로 결혼식을 올렸다. 그때가 1935년 4월 28일이었다. 아내의 나이 스물한 살, 내 나이 스물여섯 살 때였다.

내가 만주에서 사업을 하는 동안 아내는 재능을 살려 서탑교회에서 성가대 반주를 하기도 하고, 유치원 교사를 양성하는 보육전수소에서 무보수로 일하기도 했다. 그녀는 그렇게 나름대로 이국에서의 생활에 적응해갔던 것이다.

우리가 결혼식을 올린 지 올해로 60년이 지났다. 믿어지지 않을 수도 있지만 우리 부부는 지금껏 살아오면서 부부 싸움이란 걸 한

나는 사랑에 빚진 자입니다

60년이란 인생을 함께 살아온 아내와

그녀와 함께 이룬 가족들,

그리고 자손들이야말로 하나님이 나에게 주신 축복 가운데

가장 큰 것이라고 늘 생각해오고 있다.

번도 해보지 않았다. 특별한 비법이나 이유가 있었던 것도 아니다. 단지 서로를 이해하고자 노력했고 먼저 자신을 낮추려 했기 때문에 다툼이 없었던 것 같다.

우리는 3남 2녀를 낳았는데, 모두 빗나가지 않고 올곧게 잘 자라주었다. 특별히 엄격하게 한 적도 없고 큰 소리로 화를 내본 적도 없지만 아이들은 우리말에 잘 따라주었다. 내색은 안 하지만 그러한 아이들에게 감사하다.

자식들이 모두 성장해 결혼해서 많은 손자와 손녀들이 태어났고, 이젠 증손자, 증손녀까지 보았다. 모두들 단란한 가정을 이루며 잘 살아가고 있는 모습을 볼 때 마음이 흡족하다.

60년이란 인생을 함께 살아온 아내와 그녀와 함께 이룬 가족들, 그리고 자손들이야말로 하나님이 나에게 주신 축복 가운데 가장 큰 것이라고 늘 생각해오고 있다.

나는 사랑에 빚진 자입니다

무슨 일이 있더라도 약속은 지킨다

만주에서 시작한 사업은 성공적이었다. 그러나 그걸로 만족하고 있을 수만은 없었다. 나는 한낱 장사꾼이 되기 위해 만주로 온 것이 아니었기 때문이다. 독립운동가의 꿈도, 변호사의 꿈도 꾸어보았지만 상황은 나를 다른 길로 이끌었다. 기왕 사업 쪽에 발을 들여놓은 이상 제대로 규모를 갖춘 기업을 일구고 싶었다.

동화공창이 발전하고 안정세에 접어들자 나는 무역업으로 눈을 돌렸다. 중국어와 일본어를 불편함 없이 구사할 수 있었기 때문에 주로 중국인과 일본인 사이에서 중개무역을 하기로 하고 삼흥상회를 설립했다.

회사의 규모는 그다지 크지 않았지만 당시 만주에 진출해 있던 미쯔이, 미쯔비시, 조선질소와 같이 큰 무역상과 거래를 했다. 삼흥상회가 하는 일은, 이들 회사가 만주에서 콩이나 콩기름을 대량으로 수거한 것을 사서 중국인들에게 소매로 판매하는 대리인의 역할이었다.

　당시의 거래방식은 계약금을 걸고 화차 단위로 가져다가 전매하는 것으로 신용과 능력이 없으면 거래 자체가 성립되지 않았다. 더구나 미쯔이나 미쯔비시 같은 큰 회사와 거래를 하려면 교역실적이 좋아야 했다. 설립된 지 얼마 안 된 삼흥상회가 그런 실적이 있을 리 없었다. 그러나 나는 동화공창의 실적과 신용을 담보로 이들과의 거래를 성사시켰다.

　삼흥상회로 무역업을 할 때 한번은 사업가로서의 양심을 시험당한 일이 있었다.

　수십 화차 분량의 콩을 미쯔이와 미쯔비시로부터 사들여 그것을 중국 상인에게 전매하기로 계약을 했다. 그런데 그 물건을 중국 상인에게 인도하기 얼마 전부터 갑자기 콩값이 폭등한 것이다.

　그러자 다른 무역업자들은 위약금을 물어주고 다른 상인에게 비싸게 팔아넘겼다. 계약을 위반하고 위약금을 물어주더라도 이익이 더 크기 때문이었다. 돈 버는 것이 목적인 사업가에게는 그것은 더할 나위 없는 좋은 기회일 수도 있다. 그러니 중국인들도 뭐라 하지도 못하고 어쩔 수 없이 계약위반을 받아들이는 형편이었다.

　당시 삼흥상회가 계약한 물량은 위약하고 계약금의 2배를 물어줘도 20만 원의 이익을 얻을 수 있는 양이었다. 그 당시 쌀 한 가마 값이 5원이었는데 20만 원이면 쌀을 1천 가마나 지을 수 있는 땅값이었다. 그 정도의 돈은 사업하는 사람으로서 단번에 쉽게 벌 수 있는 액수가 아니었다.

　　　　　　　　　　　　　나는 사랑에 빚진 자입니다

"이 사람아, 거래는 이익을 남기려고 하는 게 아닌가. 그렇게 하는 것은 불법이 아니야. 자네가 사기를 치려는 것도 아니고, 또 다른 사람들도 다 그렇게 하지 않나."

주변에서는 위약금을 물어주고 다른 상인에게 팔아넘기라고 했다. 사실 그런 일은 비일비재했다. 갈등 속에서 양심의 목소리는 점점 희미해지고 어느새 그러한 거래를 정당화하고 싶은 유혹이 일었다. 고국을 떠나온 것도 돈을 벌기 위한 것이고 사업도 이익을 남기는 것이 목적인데, 이런 기회를 놓친다는 것은 어리석은 일이 아닐까 하는 생각도 들었다.

하지만 한편에서 희미하게 들리는 양심의 소리는 사람과 한번 한 약속을 지키라는 것이었다. 그래도 내가 하나님을 믿는 사람인데, 비록 적극적으로 악을 행하는 것은 아니라 하더라도 신의는 지켜야 하지 않겠는가.

참으로 고민스러웠다. 나는 서탑교회의 목사님을 찾아가 이 문제를 상의했다. 이야기를 들으신 목사님은 난감한 표정이었다.

"글쎄요, 큰돈을 벌 수 있는 기회인 것 같은데……. 돈은 잘 쓰는 게 중요하지요. 그렇긴 해도 어떻게 번 돈인가도 중요한 건데……."

목사님조차 주저하며 확실하게 답을 못하시는 것이었다. 원칙적으로는 계약을 지켜야 하지만 너무 큰 이익을 놓치는 것을 안타까워하시는 눈치였다.

결론을 내리지 못하고 있던 나는 결국 하나님 앞에 무릎을 꿇을 수밖에 없었다.

'하나님, 큰돈을 벌 수 있는 기회입니다. 하나님과 이웃들을 위해 선하게 사용하라고 주신 기회로 받아들여도 되겠습니까?'

나는 이미 내 마음의 절반을 기울인 채 기도하고 있었다. 그러나 하나님의 뜻을 내 생각에 얹어 나의 선택을 합리화하려는 저의를 그분이 모르실 리 없었다. 마음 한편이 답답해왔다. 하나님의 응답도 마음의 평안도 전혀 느껴지지 않았다. 그런데 순간 중국 상인의 얼굴이 눈앞에서 어른거렸다. 그랬다. 그것이 하나님의 대답이었던 것이다.

나는 그 길로 중국 상인을 만나 두말 않고 약속했던 대로 물건을 넘겼다. 아쉽다는 생각도 들었지만 마음은 편했다. 그쪽에서는 당연히 내가 계약을 파기할 줄 알았는데 물건을 건네주자 오히려 놀라는 눈치였다. 예상치도 못했던 상황에서 당황한 그는 이익을 반씩 나누자고 제의를 해왔지만 그럴 수는 없었다.

"이번에는 가격이 올랐습니다만, 항상 오르기만 하지는 않습니다. 오르기도 하고 내리기도 하는 것이 물건값입니다. 언젠가는 가격이 다시 내릴지도 모릅니다. 한번 한 약속은 반드시 지키는 것이 도리라고 생각합니다. 이번엔 그쪽에 운이 있었던 것 같습니다."

나는 정중하게 그의 제안을 거절했다. 중국 상인은 몇 번이나 고맙다는 인사를 하고는 돌아갔다.

그런데 나의 사업가로서의 양심을 시험받은 이 일이 뜻밖의 행운을 가져다주었다. 물건을 인수받고 돌아간 그 중국 상인이 나에 대해 소문을 냈다. 최태섭이라는 한국 사람이 있는데 큰 이익을 볼 수 있는 기회를 포기하고 계약을 지키더라. 그 사람은 참으로 신용할 만하더라고 말이다.

나중에는 중국상공인회에서 최태섭과 거래를 하는 것이 좋겠다는 공문을 회원들에게 발송하기까지 했다. 중국 사람들은 사람에 대해 한번 믿음이 생기면 그 사람을 절대적으로 신뢰하는 기질이다.

그러니 내 사업이 어찌 성공하지 않았겠는가. 좋은 장사거리만 있으면 그들은 나를 찾았다. 그래서 나는 그때 계약을 파기하고 얻을 수 있었던 이익보다 훨씬 많은 수익을 올리게 된 것이다.

만일 그때 내가 순간의 이익에 집착하여 중국 상인과의 약속을 지키지 않았다면 어떻게 되었을까? 나는 그때의 경험을 통해 어떤 경우라도, 당장 손해를 보는 한이 있더라도, 약속은 반드시 지켜야 한다는 신념을 갖게 되었다. 눈앞의 이익에만 연연하여 신의를 저버리는 사람이야말로 참으로 어리석은 사람이다. 최후의 승리자는 성실한 사람이다. 모든 일은 반드시 올바른 데로 돌아가게 되어 있다는 것을 나는 직접 체험한 것이다.

그 이후 지금껏 나의 경영신조는 신용과 인화단결이 되었다. 이 것은 믿음과 사랑이라는 기독교 정신의 또 다른 표현이다. 사업을 하는 기독교인으로 평생을 살아오면서 나는 그 믿음과 사랑의 실천 덕목이라 할 수 있는 신용과 인화라는 두 기둥을 무너뜨리지 않으려고 노력해왔다.

신용은 가장 큰 재산이다. 신용이 있으면 가진 것이 하나 없어도 무슨 일이든 할 수 있지만 아무리 가진 것이 많아도 신용이 없다면 아무것도 할 수 없다. 사업을 하는 사람들은 특히 많은 사람들에게 신용을 얻어야 한다. 이것보다 더 큰 자본은 없는 것이다.

한국 사람인 내가 만주 땅에서의 사업에 성공할 수 있었던 것은 무엇보다도 거래처와의 신용을 제일로 삼고 경영했기 때문이었다. 이 일뿐 아니라 이후에도 그와 같은 일을 몇 번 더 겪으면서 확신하게 되었다.

신용은 거저 오지 않는다. 나에 대한 다른 사람들의 신용은 평소 내가 쌓아온 신뢰의 결과이다. 한번 약속을 했다면 아무리 사소한 것이라도, 아무리 큰 손해를 보더라도 지켜야 한다. 때로 선택의 갈림길에서 고민도 했지만 결국 약속을 지킬 때 좋은 결과들이 내게 돌아왔다. 당장 눈앞의 이익에만 몰두하여 먼 앞날을 내다보지 못하는 기업가는 성공할 수 없다.

나는 사랑에 빚진 자입니다

절체절명의 인민재판

"악덕기업주의 재산을 몰수하고 우리가 보는 앞에서 처형하라!"

군중들은 나를 결박하고 돌멩이를 던졌다.

1945년, 내 나이 서른여섯 살에 남의 땅 만주에서 맞이한 조국의 해방은 나에게 위기일발의 시련을 안겨주었다. 당시 나는 조국으로 돌아갈 날만을 기다리고 있었다. 만주에서 이룩한 사업가로서의 어느 정도의 성취를 기반으로 조국을 위해 봉사하려는 마음을 가지고 있었다.

하지만 상황은 순순히 나의 뜻대로 되지 않았다. 일본군 대신 진주해 들어온 팔로군(중국 공산군)은 만주에 공산주의를 심기 위해 광분했다. 그들이 들어오자마자 가장 먼저 한 일은 노동자를 착취했다는 죄목으로 모든 기업체의 소유주들을 잡아들이는 일이었다. 나도 예외일 수는 없었다. 그때 나는 유지가공업과 중개무역 등을 통해 상당한 기반을 다져놓은 터였다.

결국 나는 팔로군과 그들을 따르는 노동자들에 의해 공장 창고에 감금되었다. 하루에 옥수수 세 개가 내 유일한 식량이었다. 그들은 며칠 동안 혹독하게 고문을 하며 괴롭혔다. 노동자들을 착취하고 돈을 빼돌렸다는 사실을 인정하라는 것이다. 죄가 있든 없든 기업주들은 공산주의 사회 건설이라는 미명하에 인민재판을 받게 하였는데, 인민재판의 대상이 되면 대부분 처형되었다.

나는 결코 노동자들을 착취한 적이 없으며 돈을 빼돌린 적도 없다는 사실을 몇 번이나 주장했다. 그러나 그들은 막무가내였다. 그들의 목적은 진실을 밝히는 것이 아니라 인민의 적인, 가진 자들을 처단하는 것이었기 때문이다. 죄의 유무와 관계없이 판결은 이미 내려진 상태였다. 사업체를 가지고 있는 나는 당연히 사형이었다.

창고 속에 갇혀 지내는 며칠 동안 나는 극도의 공포와 불안으로 잠을 이룰 수 없을 지경이었다. 앞으로 어떻게 될지 암담하기만 했고, 가족들의 신상도 걱정되었다. 이제까지 성심껏 일해온 대가가 이것이란 말인가. 내 목숨과 가족들의 운명이 오로지 저 사람들에게 달려 있단 말인가. 그런 생각은 나를 더욱 절망케 했다.

내가 깊은 절망 속에 빠져들수록, 막다른 골목에 다다를수록, 사업이 바쁘다는 핑계로 뒷전에 두었던 하나님을 다시 찾게 되었다. 하나님이 아니고는 그 누구도 나를 살려줄 수 없다는 사실이 분명하게 와 닿았다.

불면과 굶주림의 며칠을 보낸 후 그들은 나를 인민재판대 위에 세웠다.

나는 사랑에 빚진 자입니다

"최태섭! 진노한 군중들을 향해 할 말은 없는가?"

팔로군과 그들에게 동조하는 과격파 노동자들은 금방이라도 나를 처단할 기세였다. 나는 군중들을 바라보았다. 낯익은 얼굴들이, 10년간 함께 울고 웃으며 생활했던 직원들이 나를 쳐다보고 있었다.

나는 이 현실을 인정하고 싶지 않았다. 저들이 저기 앉아 사장인 나를 악덕기업주라고 성토하고 있다는 사실을, 그 쓸쓸함을 인정하고 싶지 않았다. 단순히 죽음에 대한 두려움만은 아니었다. 나는 눈을 감았다.

"자, 마지막 기회다. 할 말이 있으면 해봐!"

한번 감긴 눈은 떠지지 않았고 나는 하나님을 찾고 있었다. 절체절명의 순간 내가 할 수 있는 일은 기도뿐이었다.

'하나님, 저를 구해주십시오. 사람의 힘으로는 이 상황에서 벗어날 수가 없습니다. 오직 전능하신 당신만이 하실 수 있습니다. 여기서 내가 저들에게 맞아죽는 것이 당신의 뜻입니까?'

나도 모르게 눈물이 흘렀다. 그 순간 나의 추하고 부족한 모습들이 선명하게 떠올랐다. 하나님 앞에서 충성스럽지 못했고, 사람들에게 하나님의 뜻을 펼치며 살지도 못했다. 그것은 죽음을 두려워하는 눈물이 아니라 참회와 회개의 눈물이었다. 나는 인민재판대 위에 올라서서 하나님께 회개했다. 이 자리는 어쩌면 하나님이 나를 회개시키기 위해 세운 자리일지 모른다는 생각이 들었다.

주위는 조용했다. 6백여 명의 직원들은 자신들 앞에 결박당해 있는 사장인 내 모습에서 눈물을 보았다. 조금씩 마음에 평안이 오고 용기가 생겼다. 무거운 침묵을 깨며 나는 입을 열었다.

"여러분! 10년 동안 이 부족한 사람을 위해 열심히 일하며 도와준 여러분께 진심으로 감사를 드립니다. 여러분의 힘으로 우리 공장이 이렇게 발전했습니다. 나는 오늘 이렇게 결박된 채 죄인이 되어 여러분 앞에 섰습니다. 나는 하나님을 믿는 사람입니다. 늘 부족하다는 것을 알기에 평소 언제나《성경》의 가르침인 사랑과 봉사와 헌신을 실천하기 위해 노력했습니다. 내가 여러분의 돈을 착취하고 나 혼자만 잘살려고 했다면 주저하지 말고 나에게 돌을 던지십시오. 솔직하게 판단을 해주십시오."

말을 마치고 다시 눈을 감았다. 이제 삶과 죽음의 마지막 경계선에 도달했다는 생각이 들었다. 내가 할 일은 다했고 이제 결정하실 분은 하나님이라는 생각을 했다. 나의 삶과 죽음을 결정하는 것은 팔로군이나 노동자가 아니라 하나님이라 여겼기에 나는 비로소 죽음 앞에 의연할 수 있었다. 그들의 판결을 아니, 하나님의 대답을 나는 조용히 기다리고 있었다.

얼마의 시간이 흘렀을까.

"의장!"

누군가 발언을 했다. 나는 눈을 뜨고 손을 번쩍 든 사람을 바라보았다. 그는 공장의 수위로 일하던 만주 태생의 중년 남자였다.

"아무리 시대가 바뀌었다고 하지만 이럴 수는 없는 겁니다. 우리 차분하게 생각해봅시다. 나는 최 사장이 우리에게 재판을 받을 만큼 죄를 지었다고 생각하지 않습니다. 이건 우리가 잘못하고 있는 겁니다. 세상이 바뀌었다고 해서 죄 없는 사람을 죄인으로 모는 것은 옳은 일이 아닙니다."

그 사람의 말이 끝나자마자 갑자기 여기저기서 웅성거렸다. 그 웅성거림은 "옳소! 옳소!" 하는 함성이 되어 터져 나왔다. 팔로군의 눈치만 살피던 사람들이 용기를 내어 말하고 있었다. 그런 모습에 울음을 터뜨리는 여직원도 있었다.

"다른 공장 사람들과 비교할 때 우리는 특별한 대우를 받았소. 최 사장은 끼니를 때우지 못하는 우리에게 점심식사까지 제공해주었소. 그런 회사는 우리 회사 말고는 없소. 최 사장은 성실하고 좋은 사람이오."

누군가 그렇게 큰 소리를 쳤고, 또다시 "옳소! 옳소!" 하는 함성이 더욱 커졌다. 상황은 완전히 역전되었다. 사람들은 성토의 대상을 바꾸었다. 나를 처단하려던 의장을 사람들이 거칠게 끌어내리고 있었다. "저놈 죽여라!" 하는 외침에 의장이 신변의 위험을 느끼기에 이른 것이다.

나는 그렇게 갑작스럽게 분위기를 바꾼 것이 무엇인지 알 수 있었다. 하나님께서는 나를 살리기로 결정하신 것이다.

"하나님, 감사합니다. 하나님, 감사합니다."

그 말만이 끊임없이 나의 입에서 새어나왔다.

평생의 빛이 된 이름 석 자

기적적으로 목숨은 건졌지만 완전한 자유를 얻은 것은 아니었다. 당황한 팔로군들은 일단 나를 공장창고에 다시 집어넣었다. 열흘쯤 지나자 감시가 소홀해지기 시작했다. 나는 도망칠 기회만 엿보고 있었다.

그때 몇몇 노동자들이 적극적으로 나를 도와주었다. 그들은 나에게 중국인 옷을 입히고 머리도 빡빡 밀어버렸다.

"거리에 팔로군들이 쫙 깔렸습니다. 이제부터 중국사람 행세를 하세요. 그렇지 않으면 생명이 위험합니다."

어느 날 밤, 중국인으로 변장한 나는 칠흑 같은 어둠을 틈타 공장을 빠져나왔다. 가족들이 걱정되었다. 아내와 아이들이 집에 있다가 혹시 팔로군들에게 곤욕을 치르지나 않았는지 궁금했다. 거리에 나서니 참으로 살벌했다. 민간인들은 거의 없고 군인들만 보였다. 저들에게 붙잡혀 신분이 탄로 나는 날에는 끝장이라고 생각하니 식은

나는 사랑에 빚진 자입니다

땀이 주르르 흘렀다.

한 30분쯤 걸었을까.

중국 군인들이 나를 불렀다. 나는 온몸이 얼어붙는 듯했다. 그들끼리 수군대는 소리가 들렸다.

"아무래도 저놈이 수상해. 일본인이나 조선인 같은데."

가슴이 덜컥 내려앉았다. 잡히면 무슨 일이 일어날지는 불을 보듯 뻔했다. 이번에야말로 죽음을 피할 수 없을 것 같았다.

그 순간에 담대하라는 《성경》 말씀이 퍼뜩 떠올랐다.

'정신을 차려라, 최태섭. 침착해라, 최태섭.'

나는 마음을 다져먹었다.

"당신들, 어떻게 그런 말을 할 수 있소? 같은 민족끼리 서로를 의심하다니 너무한 것 아니오?"

유창한 중국말로 선수를 쳤다. 본토인과 다름없는 나의 중국어 실력에 그들의 의심스런 눈빛이 차츰 수그러들었다.

"미안하오. 그러니 밤늦게 다니지 말고 일찍일찍 집에 들어가시오."

꽉 모아 쥔 손바닥은 땀이 나서 축축하고, 다리는 후들후들 떨렸지만 나는 마지막까지 침착하게 행동했다. 그들의 시야에서 벗어나자마자 서둘러 집으로 달려갔다.

집에 돌아와보니 집안 꼴이 말이 아니었다. 문이란 문은 모조리 열려 있고, 여기저기 물건들이 함부로 널려 있었다. 쓸 만한 가재도구는 하나도 보이지 않았다. 태풍이라도 지나간 자리 같았다. 팔로군들이 들이닥친 게 분명했다. 게다가 가족들의 모습도 보이지 않았다. 겁이 덜컥 났다.

'하나님, 내 목숨을 살려주신 하나님, 내 목숨을 구해주신 것처럼 가족들도 지켜주신 줄로 믿습니다. 만일 그렇지 않다면, 제 목숨을 살려주신 것이 무슨 뜻이 있겠습니까?'

나의 기도는 차라리 투정에 가까웠다. 그렇게 어이없는 기도를 하면서 나는 교회로 달려갔다. 가족들은 다행히 교회에 있었다. 군인들이 몰려온다며 빨리 피하라는 이웃의 연락을 받고 무작정 교회로 피했다는 것이다. 가족들의 얼굴을 보니 그렇게 행복할 수가 없었다. 아무것도 가지고 나오지 못했지만 하나도 아깝지 않았다. 나는 가족들과 함께 서탑교회에 머물며 상황을 지켜보았다.

열흘 정도가 지나자 비로소 팔로군들은 치안을 유지하기 시작했고, 나도 서서히 내 몸처럼 아끼며 키워온 공장과 사업체들이 궁금해지기도 하고 아깝다는 생각이 드는 것이었다. 아무리 세상이 바뀌었다고 해도 10여 년 동안 이끌어온 사업을 그냥 빼앗긴다는 것이 너무 억울했다. 그래서 나는 공장에 다시 한 번 가보기로 결심했다.

그러나 혼자 갈 수는 없었다. 그때 마침 유성동이라는 중국인 친구가 함께 가겠다고 나섰다.

"한국 사람인 자네 혼자 가는 것은 너무 위험하네. 나와 함께 가세. 중국 사람과 함께 행동하는 것이 의심을 훨씬 덜 받을 걸세."

그러나 나는 사태를 너무 낙관했다는 사실을 금방 깨달았다. 공장을 지키던 군인들이 우리를 붙잡았다. 치안이 유지되고 있다고는

나는 사랑에 빚진 자입니다

해도 어디까지나 그들의 치안이었다.

"악덕기업주 최태섭! 몰래 도망을 가더니 제 발로 걸어 돌아왔군."

그들은 아침부터 밤까지 심한 문책을 가했다. 그들은 내가 탈출한 사실을 몹시 괘씸하게 생각하고 있었다. 다시 위기감이 감돌았다.

"이것 보십시오. 이 사람은 내가 보증하는 사람입니다. 비록 한국 사람이지만 중국인보다 더 믿을 만한 사람이오."

유성동이 변호를 하고 나섰다.

"당신은 잔말 말고 가만있어."

그들은 완강했다. 그러나 유성동도 당당했다. 그는 군인들을 설득하는 한편 협상을 벌이기 시작했다.

"생각해보시오. 이 사람을 여기 잡아두고 있으면 무슨 이익이 있겠소? 또 죽인다고 한들 무슨 도움이 되겠소? 더구나 이 사람은 6백 명이 넘는 근로자들로부터 존경을 받던 사람이오. 이 사람은 한국 사람이니 한국으로 돌려보내면 그만 아니겠소?"

긴 시간 동안의 설득 끝에 유성동의 말이 먹혀들어가기 시작했다. 그들은 자기들끼리 숙덕거리더니 타협안을 내놓았다.

"좋소. 이 한국 사람을 살려주겠소. 대신 공장의 소유를 포기하시오. 그리고 당신 몸값으로 50만 원을 내놓으시오."

당시에 50만 원은 상상할 수 없는 큰돈이었다. 그들이 정말로 내 수중에 그만한 돈이 있으리라고 생각한 건지 그 점이 의심스러울 지경이었다.

"이것 보세요. 50만 원은 엄청난 돈입니다. 그 돈을 어디서 구하란 말입니까?"

"조건은 그것뿐이오. 우리는 조건을 제시했소. 응하든지 말든지 그것은 당신들이 알아서 하시오."

"하지만 이 친구에겐 그만한 돈이 없소. 혹시 어디서 마련할 수 있다 해도 여기 있어가지고야 어떻게 돈을 구한단 말입니까? 며칠 간의 여유를 주시오."

유성동이 그렇게 제안했다. 우선 이곳을 빠져나가고 보자는 심정으로 그런 제안을 했으리라.

"우리를 바보로 아는 거요? 그렇게는 못 하오."

그러자 유성동이 다른 제안을 하고 나섰다.

"그럼 이렇게 합시다. 이 친구는 정말 믿을 만한 사람이오. 이 사람을 내보내주시오. 내가 여기 있겠소. 내가 보증을 설 테니 이 사람은 나가서 돈을 구하도록 해주시오."

그의 제안은 뜻밖이었다. 나도 놀랐지만 그들 역시 놀라는 눈치였다. 친구가 대신 잡혀 있겠다고 나설 정도라면 믿을 만하겠다고 생각했던 것일까. 그들은 잠시 의논을 하더니 고개를 끄덕였다.

"좋소. 3일간의 여유를 주겠소. 그 동안 당신은 이곳에 있고, 최태섭, 당신은 3일 안에 50만 원을 마련해 오시오."

협상은 끝났다. 그들은 나를 풀어주었다. 나는 유성동이 고마우면서도 걱정스러웠다. 내가 그의 손을 잡자 그가 나지막한 목소리로 말했다.

나는 사랑에 빚진 자입니다

"걱정하지 말게. 저자들은 나를 어떻게 하지 못할 거네. 나는 중국 사람 아닌가. 어서 이곳을 벗어나게."

그것이 그와의 마지막 대화였다. 그 뒤로 나는 그 공장에 돌아가지 못했고, 유성동도 만나지 못했다. 물론 나는 그곳을 나와 돈을 구하러 다녔다. 친구가 갇혀 있는데, 그것도 나 때문에 갇혀 있는데 빼내지 않는다면 사람이라고도 할 수 없지 않는가.

그러나 돈은 쉽게 구해지지 않았다. 세상이 뒤숭숭하고 당장 내일 어떻게 될지 모르는 판국에 돈을 꿔주려는 사람이 있을 리 없었다. 더구나 언제라도 한국으로 떠나버리면 그만인 한국 사람에게 말이다.

사람들은 이 난리 중에 그렇게 큰돈을 어디에 쓰려고 구하러 다니느냐고 물었다. 나는 사실대로 대답했다. 내 말은 들은 사람들은 백이면 백, 한결같이 그러한 이유라면 돈을 갖다 줄 필요가 없다고 했다.

"그들의 요구가 말이나 됩니까? 자기들 호주머니나 채우려고 한 말을 무엇 때문에 들어주려는 거요?"

"그렇지만……."

나 대신 갇혀 있는 유성동은 어떡 하냐고 걱정스럽게 말을 해도 반응은 같았다.

"이 사람아, 자네 걱정이나 하게. 그 사람은 중국 사람이야. 그놈들이 진짜 미워하며 노리는 것은 일본 놈들이라고. 같은 중국 사람을 그들이 어떻게 할 것 같은가? 더구나 유성동이라면 여기서는 유지일세. 그 사람 걱정 말고 빨리 자네나 피신하게!"

"그렇지만……."

돈은 구해지지 않았고 상황은 그곳에 더 있을 수 없는 쪽으로만 전개되어갔다. 유성동이 내 손을 잡고 했던 말을 떠올렸다. 그도 역시 자기의 신변에 대해서는 걱정하지 말라고 당부했었다. 그리고는 이곳을 벗어나라고 했다.

어쩔 수 없이 나는 며칠 후에 고국으로 가는 피난열차를 탔다. 우선 가족들이라도 안전하게 조국 땅에 데려다놓아야겠다고 판단했기 때문이었다. 그 기회를 놓치면 언제 돌아갈 수 있을지 장담할 수 없는 긴박한 상황이었다. 나의 마음은 말할 수 없이 괴로웠다. 목숨을 걸고 나를 구해 준 친구와의 약속을 지킬 수 없는 나 자신이 부끄러웠다.

하지만 나는 결단코 유성동을 잊은 것은 아니었다. 일단 가족들을 조국에 데려다놓고 그곳에서 돈을 구해 돌아올 생각이었다. 그날 이후 오늘까지 나는 유성동을 가슴 깊은 곳에 묻어놓고 살았다. 꼭 한 번만이라도 그 친구를 만나보겠다는 소망을 간직한 채.

유성동은 어떻게 되었을까? 무사했으리라고 생각하면서도 혹시 잘못되지나 않았는지, 그 친구를 떠올릴 때마다 마음이 무거워졌다. 입버릇처럼 다시 선양으로 가야 한다고 중얼거리곤 했다. 그러나 아무리 원해도 돌아갈 수 없었다.

어느덧 50년이란 세월이 흐르고 지난 7월, 드디어 나는 선양 땅을 다시 밟을 수 있었다. 결혼 60주년을 맞이해서 아내와 몇몇 사람

나는 사랑에 빚진 자입니다

들과 함께 선양에 다녀왔다.

　피땀 흘려 일구었던 공장들, 죽음의 문턱까지 갔던 인민재판, 서탑교회, 그리고 유성동에 관한 생각이 낡은 필름처럼 지나갔다. 혹시나 아는 이들을 만나볼 수 있을까, 유성동 이 친구에 대한 뒷소식이라도 들을 수 있을까 하고 여기저기 찾아다니던 나의 작은 희망은, 아무런 흔적도 찾아볼 수 없을 만큼 변해 버린 선양 땅에 들어설 때 이미 사그러들었다.

　높은 아파트와 건물들이 들어선 그곳엔 동화공창도, 삼흥실업도, 아내와 함께 꾸렸던 집도 흔적도 찾을 수 없을 만큼 변해 있었다. 아니 자리가 어디였는지조차 알 수 없었다. 서서히 흘러들어온 자본주의에 적응하며 바쁘게 움직이는 사람들을 보며 50년 전 그때를 떠올리기에는 너무나 생소했다. 하지만 낯설게 변해 버린 선양에서조차 유성동이란 이름만은 영영 갚지 못한 평생의 빚으로 남아버렸다.

끊이지 않는 시련

청운의 꿈을 품고 고국을 떠난 지 12년!

서른일곱 중년이 된 나는 2남 2녀의 자녀를 거느리고 조국으로 돌아왔다.

그러나 청춘을 바쳐 이룩한 사업체와 재산을 그대로 둔 채 쫓기듯 만주를 떠나온 내 마음은 한없이 무거웠다. 친구 유성동의 일은 더욱더 나를 괴로움의 끝으로 몰아넣곤 했지만 애써 마음을 편안하게 가지려고 노력했다.

'이제 조국으로 돌아왔으니 지나간 일들은 잊어버리자. 이곳이 내가 태어나고 묻힐 곳이다. 이제 할 일을 찾자. 지금까지 나를 인도해주신 하나님께서 내가 할 일도 마련해주실 것이다.'

그러나 나의 이러한 기대와 각오는 처음부터 무너져버렸다. 가족들을 데리고 귀국한 내가 처음 찾아간 곳은 평안북도 철산이었다. 그곳에 1백만 평 정도의 농장과 작은 광산이 있었기 때문이다. 만주

나는 사랑에 빚진 자입니다

에서 사업을 할 때 법의 허용 한도 내에서 돈을 송금해 철산의 땅을 구입하고 먼 친척뻘 되는 사람에게 관리를 맡겨두었다.

만주에 있는 재산은 몽땅 빼앗겼기 때문에 10여 년에 걸친 만주에서의 사업의 결실은 서울에 사둔 집 한 채와 약간의 저금과 철산의 과수원이 전부인 셈이었다.

나는 일단 그곳에 가족들을 안전하게 정착시킨 후 선양으로 돌아가 친구 일을 해결한 다음, 다시 돌아와 그 과수원과 광산을 근거로 무엇인가를 해볼 계획이었다. 하지만 사정은 나의 기대와 달랐다.

귀국한 지 이삼 일쯤 되었을까. 농장관리를 하고 있던 친척집에 머물고 있는데, 보안서에서 나와 그 친척을 잡아갔다. 아무런 영문도 알 수 없었다.

그때 이미 북한에는 소련군과 함께 들어온 김일성이 권력을 잡고 공산사회를 만들어가고 있는 중이었다. 대지주와 사업가, 종교인의 재산을 몰수하기도 하고 별다른 절차 없이 처형하기도 했다.

그렇지만 내 농장을 관리해준 친척이 잡혀갔는데 가만있을 수는 없었다. 나는 보안서를 찾아가서 어떻게 된 일인지를 물었다.

"당신이 누군데 최영재를 찾는 거요?"

완장을 찬 보안서원은 눈을 부릅뜨며 물었다. 나는 순간적으로 신분을 밝히지 않는 것이 좋겠다는 생각이 들었다.

"이웃에 사는 먼 친척 되는 사람인데, 무슨 영문인가 싶어 찾아왔습니다."

"그놈은 반동분자요."

대뜸 그렇게 말하는 것이었다.

"그 사람이 무슨 죄를 지었습니까?"

나는 침착하게 물었다.

"그 사람이 관리하는 농장의 주인이 누군지 아시오?"

나는 속으로 뜨끔했지만 시치미를 뚝 떼고 고개를 저었다.

"그 주인이 악질친일파요."

날더러 악질친일파라니! 어이가 없었다. 하마터면 내가 농장의 주인임을 밝히고, 따져 물을 뻔했다. 만일 그랬더라면 지금 나는 살아 있지 못했을 것이다. 나는 어금니를 깨물며 침착하자고 나 자신을 타일렀다.

"악질친일파라뇨? 그 사람이 무슨 일을 저질렀습니까?"

"일제 치하에서 이렇게 재산을 모아놓은 사람이 친일파가 아니면 무어란 말이요?"

나는 어이가 없었지만 꾹 참고 계속해서 물었다.

"주인은 친일파라고 합시다. 하지만 최영재는 그 농장의 관리인일 뿐인데 이 사람이 무슨 잘못입니까? 그러니 그 사람을 풀어줘도 되는 거 아닙니까?"

"그 최영재라는 사람은 주인 세도만 믿고 얼마나 건방지게 굴었는지 아시오? 거기다가 공출을 거의 하지 않았단 말이오."

"공출을 하지 않았으면 일본 사람들한테 바치지 않은 거니까 잘한 일 아닙니까? 오히려 칭찬받을 일 아니오?"

"이 사람, 말이 왜 이렇게 많아? 그 작자가 공출을 줄이는 바람에

나는 사랑에 빚진 자입니다

불쌍하고 가난한 민중들이 대신 그 양을 채우느라 더 고생을 했을 거 아니요? 그게 죄가 아니고 뭐요? 세상이 바뀌었소. 이제 세상은 민중들의 세상이오. 악질친일 지주들과 사업가들은 모두 민중들의 심판을 받을 것이오."

보안서원은 나의 계속되는 질문에 짜증이 나는 듯했다. 버럭 소리를 지르며 나를 밀쳐버렸다.

나는 최영재를 한 번 만나게 해달라고 했지만 그 사람은 대꾸도 하지 않았다. 그곳에 더 있어봤자 아무 소득이 없으리라는 걸 직감했다. 더 꾸물거리고 있다가는 정체가 탄로 나고 일이 더 커질지도 모를 일이었다.

그 사람의 터무니없고 이치에 닿지 않는 궤변을 지적하고 대화를 하는 것은 불가능했다. 논리나 이치가 먹혀들어갈 상황이 전혀 아니었기에 나는 서둘러 그곳을 빠져나왔다.

공산주의란 논리나 이치는커녕 말도 통하지 않는구나 싶은 생각이 들었고 만주에서 당한 일이 떠오르면서 이곳에 정착하는 일이 끔찍스러워졌다. 이런 사람들이 만드는 세상은 사람이 살 만한 세상일 것 같지가 않았다.

그렇게 그리던 고국으로 돌아왔지만 내가 생각하던 고국이 아니었다. 고국은 달라져 있었다. 일제는 사라졌지만 그보다 더 흉한 괴물이 들어왔구나 싶었다.

나는 걷잡을 수 없는 좌절감에 빠졌다. 그리고 마침내 나는 남쪽으로 내려갈 결심을 했다.

한국유리 집무실에서

하나님, 지금 나와 나의 가족은 갈 곳도 정하지 못한 채 길을 나섰습니다.

모든 것이 원점으로 돌아갔고 다시 시작해야 합니다.

그동안 나를 인도해 주신 것처럼 앞으로도 인도해주십시오.

당신이 이끄시는 대로 걸어가겠습니다.

그리고 당신의 뜻을 거역하지 않고 살겠습니다.

깜깜한 밤길을 걸어가는 것과 같은 나의 발걸음을 하나님이 인도해주소서.

나는 긴 여행 끝에 겨우 자리를 펴고 앉은 가족들을 일으켜 세워서 다시 남쪽으로 향했다. 금방이라도 신분이 발각되면 잡혀가게 되는 위험천만한 상황이었다. 한시라도 지체할 수가 없었다. 그래서 농장과 광산은 물론 은행에 저금해두었던 얼마의 돈도 챙기지 못한 채 겨우 몸만 빠져나왔다. 공산당국은 은행에 예치되어 있는 모든 금융재산의 인출을 금지시켰던 것이다.

선양에서도, 철산에서도 공산주의자들은 피땀으로 모은 내 수고의 열매를 빼앗아버렸다. 그 긴 세월 동안 낯선 이국땅에서 내 청춘을 다 바쳐 이룬 재산을 모조리 포기해야 한다는 것은 참으로 고통스러운 일이었다.

하지만 억울해도 어쩔 수 없었다. 재산을 빼앗기고 목숨까지 잃은 사람들에 비하면 그나마 다행이라며 위안을 삼을 수밖에 없는 노릇이었다.

나는 연고 하나 없는 남쪽으로 내려오면서 오직 하나님께서 나의 길을 인도해주시기만 믿기로 했다. 생각해 보면 달리 의지할 데도 없었다. 하나님은 지금까지 나를 인도해주시고 여러 번 죽음의 위기에서도 건져주신 분이다. 그분이 나를 살려주신 것이 사실이라면 분명히 나를 통해 하실 일이 있어서일 거라는 생각이 들었다.

'하나님, 지금 나와 나의 가족은 갈 곳도 정하지 못한 채 길을 나섰습니다. 한때 아주 조금 이룬 것이 있었지만 지금은 그마저 모두 없어져버렸습니다. 모든 것이 원점으로 돌아갔고 다시 시작해야 합니다. 그동안 나를 인도해주신 것처럼 앞으로도 인도해주십시오. 당신이 이끄시는 대로 걸어가겠습니다. 그리고 당신의 뜻을 거역하지 않고 살겠습니다. 깜깜한 밤길을 걸어가는 것과 같은 나의 발걸음을 하나님이 인도해주소서.'

국내 최초로 마카오 무역을 시작하다

서울에 도착한 우리 가족은 누상동 언덕 위에 있는 이층집에 짐을 풀었다.

아이들 공부만은 서울에서 시켜야겠다는 막연한 생각으로 만주에 있을 때 미리 장만해둔 집이었다.

서울에 온 지 1년이 지나도록 나는 아무런 일도 시작하지 못하고 있었다. 여건이 안 되기도 했지만 의욕을 상실했기 때문이었다. 시대는 혼란스러웠고 내 마음속은 더 혼란스러웠다.

밤마다 잠을 이루지 못하고 괴로운 나날을 보냈다. 잃어버린 재산에 대한 미련 때문이 아니라 유성동이라는 이름이 계속 나를 괴롭혔다. 잠을 이루지 못할 뿐만 아니라 악몽에 시달렸다.

여러 가지 상황을 생각해볼 때 그가 무사하리라고 생각하면서도 나는 자꾸만 스스로를 학대하고 정죄했다. 나의 양심은 날카로운 송곳에 찔린 것처럼 아팠고 나의 몸과 신경은 눈에 띄게 쇠약해졌다. 그런 나를 보며 아내는 몹시 안타까워했다.

어떤 날은 만주로 떠나겠다고 집을 나왔다가 며칠씩 집으로 돌아가지 못하기도 했다. 만주로 갈 수 있는 길을 수소문해보았지만 방법이 없었다. 그런 나를 아내는 불안한 눈빛으로 살피곤 했다. 나의 정신이 이상해진 게 아닌가 걱정이 되었는지도 모른다. 내가 잠을 자지 못하고 방을 이리저리 왔다갔다 하고 있으면 아내가 하나님께 울먹이며 기도하는 소리를 들을 수 있었다.

그렇게 방황과 혼란 속에 1년여의 시간이 흘러갔다. 그러던 어느 날 이북에서 사업을 하다가 월남한 사람들이 찾아와 함께 일을 해보자고 권했다. 몸과 정신이 건강한 상태가 아닌 나를 사람들은 설득하기 시작했다.

"이 사람아, 일을 하던 사람이 이렇게 집안에 들어앉아 있으면 폐인이 되고 마네. 자네 몸을 좀 보게. 남자는 일을 해야 하는 거야."

"그리고 자네만 바라보고 있는 가족들 생각도 해야지. 자넨 가장일세. 어서 기운을 차리고 다시 일을 시작하게. 또 자네 같은 사업가가 일하지 않으면 나라에도 큰 손실이 아닐 수 없고 말이야."

곁에 있던 아내는 내가 일을 시작하면 정신적 갈등을 극복할 수 있으리라고 기대하는 듯 간절한 눈빛으로 나를 바라보고 있었다. 그녀는 내가 유성동 문제로 괴로워하고 있다는 것을 알고 있었지만 굳이 그 이야기를 꺼내지는 않았다.

"그렇게 하세요, 여보. 당신은 일을 하셔야 해요. 일을 할 때의 당신 모습이 가장 믿음직스러워요. 나는 당신의 다른 모습은 상상할 수도 없어요. 당신의 진짜 모습으로 어서 돌아오세요. 하나님은 어떠실 것 같아요? 하나님께서도 당신이 일하기를 원하고 계실 거라고 나는 믿어요."

거듭되는 주변의 권유와 설득으로 나의 마음이 조금씩 움직이고 있었다. 그러나 결정적으로 나의 마음을 돌리게 한 것은 유성동이었다.

어느 날 괴로워하며 잠 못 이루고 있는 나의 앞에 그 친구가 찾아왔다. 그때는 제대로 된 잠을 자지 못하고 비몽사몽으로 밤을 새는 경우가 많았었다. 그날 밤도 아마 책상에 앉아 자는 듯 마는 듯하다가 깜빡 꿈을 꾼 모양이었다. 유성동이 환하게 웃으며 내 손을 잡고 있었다.

"내가 자네한테 무엇을 원한다고 생각하는가? 일을 하게. 나는 자네가 일을 하는 모습을 보고 싶다네."

현실처럼 생생해서 그의 이름을 부를 뻔했다. 눈을 뜨고도 그의 환하게 웃는 모습은 너무나 선명했다. 나는 그 꿈을 하나의 계시로 받아들였다.

'그렇다. 이렇게 방구석에 처박혀 나 자신을 괴롭히는 것은 아무런 도움도 되지 않는다. 단지 그를 위해서라도 일을 시작하자.'

그렇게 해서 나는 다시 일을 시작할 수 있었다. 나에게 다시 사업을 시작하기를 설득한 이들은 서선하, 박창일 두 사람이었는데 그들도 나와 마찬가지로 월남한 사업가들이었다. 우리 세 사람은 마음을 합쳐 삼흥실업주식회사라는 무역회사를 설립했다.

나는 만주에 있을 때 중국 사람들이 오징어를 매우 좋아한다는 걸 알게 되었다. 그들은 오징어를 제사상에 올릴 정도로 좋아했다. 그래서 나는 삼흥실업의 첫 무역 품목으로 오징어 같은 수산물을 택했다. 홍콩과 마카오에 오징어 등을 내다 팔고 대신 생고무를 들여오는 장사였다.

우리나라 기업의 역사에서 마카오를 상대로 외국에 수산물을 수출한 것은 아마 삼흥실업이 최초였을 것이다.

사업은 대성공이었다. 홍콩과 마카오를 상대로 한 삼흥실업의 무역 규모는 점점 커져서 나중에는 일본을 상대로도 무역을 하게 되었다. 일본에 수출한 수산물은 김이나 멸치 등이었다. 그렇게 해서 삼흥실업은 국내에서도 제2의 화신이라는 일컬어질 정도로 큰 회사로 성장했고 홍콩 등지의 외국시장에서도 굉장히 유명해졌다.

마카오 무역을 통해 한창 사업의 기반을 다지고 있을 무렵 내게, 아니 우리 민족에게 다시 한 번 큰 시련이 닥쳤는데 6·25전쟁이 터진 것이다.

어떻게 해야 할지 몰라 하고 있을 때 친미 인사로서 정보에 밝은 이묘묵이라는 분이 나에게 피난하라고 일러주었다. 정부는 괜찮다고 방송을 하고 있지만, 이미 대통령도 피신한 다음이라는 것이었다.

나는 회사를 옮길 여유도 없이 그저 가족들을 데리고 부산으로 피난했다. 그때 우리는 막내 아들 영택이까지 3남 2녀에 우리 부부와 어머니를 합해 모두 여덟이나 되었다.

전쟁은 그렇게 다시 힘을 내어 이룩해놓은 사업체들을 한꺼번에 망가뜨려 놓고 동료들도 직원들도 다 흩어지게 했다. 삼흥실업은 공중분해된 것이나 마찬가지였다. 나는 또다시 빈털터리 신세가 되었다.

피난 중에도 은행 빚을 갚다

암담하고 갑갑한 피난생활을 하던 중 9·28 수복이 되어 돌아온 서울은 초토화되어 참담했다. 그런 중에도 내게 반가운 소식 하나가 들려왔는데 새로운 일거리가 생긴 것이었다.

"지금 우리 군에서는 먹을 것을 제공할 사람을 필요로 하고 있소. 최 사장은 사업을 했던 사람이니 단무지를 만들어 군납을 하면 어떻겠소?"

평소에 알고 지내던 군 인사의 이런 제안에 나는 기꺼이 승낙했다. 그렇게라도 목숨을 걸고 싸우고 있는 우리 젊은이들에게 도움을 줄 수 있다면 마다할 일이 아니라고 여겼다. 더구나 군납은 아무리 전쟁 중이라 해도 사업적으로도 승산이 있겠다는 판단이 섰다.

그런데 문제는 돈이 없다는 것이었다. 그래서 그 길로 당장 거래하던 은행을 찾아가 사업자금을 빌렸다. 그 돈으로 잠실에 단무지 공장을 차렸다. 지금은 잠실이 몰라보게 변했지만 그 당시만 해도

나는 사랑에 빚진 자입니다

잠실에는 무밭이 꽤나 많았다.

단무지 납품으로 5천만 원 정도의 큰돈을 벌었는데, 5천만 원이면 당시 웬만한 규모의 사업을 할 수 있을 만한 큰 금액이었고 대출받은 은행 빚도 다 갚을 수 있었으니 충분히 성공한 셈이었다.

그런데 전쟁 상황이 급변했다. 압록강까지 진격해 올라갔던 우리 국군과 유엔군이 그만 중공군의 개입으로 후퇴하는 사태가 벌어진 것이다. 바로 1·4후퇴다.

서울은 다시 피난보따리를 싸느라 어수선했는데 피난을 떠나기전에 나에게는 꼭 해야 할 일이 있었다. 대출받은 사업자금을 갚는 것이었다. 은행으로 갔는데 은행은 이미 업무를 중단한 상태였다. 직원들은 모두 피난을 갔고, 오직 한 사람만 남아 잔무를 처리하고 있었다. 그 사람마저도 서둘러 피난을 가려고 서두르고 있었다.

"무슨 일이오?"

귀찮다는 듯이 그가 물었다.

"빌린 돈을 갚으러 왔습니다."

나의 이 말에 그 사람은 고개를 들어 나를 한 번 힐끔 쳐다보았다.

"이 난리 통에 돈을 갚으러 왔다는 말이오? 지금 은행 업무는 중단됐소. 나중에 와서 갚으시오."

"나도 피난을 가려는 참이오. 그런데 앞으로 상황이 어찌 될지 모르기 때문에 꼭 돈을 갚고 가야 합니다."

"아니 어떻게 될지 모르는데 뭐 하러 굳이 돈을 갚으려고 하오? 그냥 서둘러 피난이나 떠나요."

별 이상한 사람 다 보겠다는 표정을 지으며 그는 바쁘게 움직였다.

"아니오, 나는 돈을 갚아야겠습니다. 당신도 이 은행의 직원이니 우선 이 돈을 받아두십시오."

"참, 별사람 다 보겠군."

그 직원은 몇 번이고 내 얼굴을 쳐다보더니 어쩔 수 없다는 듯 돈을 받고 영수증을 써주었다. 그러면서 그는 내가 참 어리석은 사람이라고 생각했을지도 모른다. 사실 그 당시 전황은 한 치 앞도 내다볼 수 없을 정도로 혼란스러웠고, 언제 다시 공산 치하에 들어갈지도 모를 일이었다. 그러니 은행 빚이 뭐 대수란 말인가? 대부분의 사람들은 은행 빚 같은 것에는 신경도 쓰지 않았다. 은행직원조차 빚은 나중에 갚고 피난이나 가라고 했지만 나는 그럴 수가 없었다.

나는 만주에서 사업을 시작한 이래 한번 한 약속은 무슨 일이 있어도 지킨다는 것을 신념으로 삼았다. 경험을 통해 얻은 그렇게 목숨처럼 귀한 신념을 한순간에 버릴 수는 없었다.

그 후 우리 가족은 제주도로 피난을 갔다. 제주도에는 그때 육군 제1훈련소가 있어서 피난민들과 함께 군인들로 몹시 북적거렸다. 그래서 나는 또 하나의 일거리를 찾을 수 있었다. 서울에서 단무지 공장을 경영했던 경험을 살려 이번에는 고추장 납품을 하기로 한 것이다. 양조장을 하던 공장을 개조하여 고추장공장을 세웠는데 고추장 맛이 나쁘지 않았는지 반응이 꽤 좋았다.

그러던 어느 날, 훈련소의 장교가 찾아와서 생선까지 납품해줄 수 있겠느냐고 물었다. 현실적으로는 불가능한 일이었다. 생선 납품은 단무지나 고추장과는 근본적으로 다른 일이었던 것이다. 우선 생선을 잡아야 한다. 그러자면 배가 있어야 하는데 작은 배로 근해에 그물을 던져 생선을 잡아가지고서는 그 많은 군인들의 식탁에 올릴 수가 없었다.

그런데 원양어선으로 대규모 고기잡이를 하려면 큰돈이 들었다. 적어도 2억 원은 있어야 할 것 같았다. 그러니 원양어업은 내 힘에 부치는 사업이었는데도 나는 마다하지 않았다. 그 일은 사업상 도전해볼 가치가 있었고 더구나 영양가 있는 생선을 우리 국군에게 공급해줄 수 있다는 자긍심도 나를 부추겼다.

나는 원양어업주식회사라는 간판을 내걸고, 부산에 피난 내려와 있던 거래은행을 찾아갔다. 내가 2억 원 정도의 융자를 받으러 왔다고 하자 은행직원은 고개를 저었다. 그 정도의 거절은 이미 예상한 일이어서 실망하지 않고 나는 다시 한 번 부탁을 했다. 그러자 그 직원은 해보나마나 안 될 것이라고 하면서도 은행장에게 나를 안내해 주었다.

"갑자기 2억이나 되는 돈을 어떻게 빌려주겠습니까? 불가능합니다."

은행장은 한마디로 거절했다.

담보도 없는 사람에게 그렇게 큰돈을 빌려준다는 것이 은행 입장에선 무리인 게 당연했다.

하지만 나는 믿는 구석이 있었다. 나에겐 신용이 있었던 것이다.

나는 지금까지 이 은행과 거래했던 실적을 내보였다. 그리고 지난번 피난 직전에 받아두었던 영수증도 건넸다. 그것을 찬찬히 훑어보던 은행장의 얼굴빛이 갑자기 바뀌었다.

"바로 당신이었군요. 서울에서 내려온 직원을 통해 그 이야기는 벌써 들었습니다. 참 기적 같은 사람이 다 있다고 생각했는데 이렇게 직접 만나게 되다니 정말 반갑습니다. 당연히 돈을 빌려드려야지요. 당신 같은 사람에게 융자를 해주지 않으면 누구에게 해주겠습니까?"

기대 이상의 반응이었다. 은행장은 즉시 중역회의를 열어서 2억 원의 융자를 결정했다. 담보가 없는 나의 사정을 알고 대출을 받은 후 배를 구입한 후 그 배를 담보로 하라고 방법까지 친절하게 알려주는 것이었다.

그 순간 나는 정직과 신용의 힘이 얼마나 큰가를 다시 한 번 실감했다. 정직과 신용이야말로 가장 좋은 사업수단이라는 나의 신념은 이로써 더욱 확고해졌다.

나는 용기백배하여 배를 사서 곧장 원양어업에 뛰어들었다. 하나님은 다시 시작한 사업에도 큰 축복을 내려주셨다. 고기잡이는 순조로웠고, 은행에서 빌린 돈도 곧 갚을 수 있게 되었다.

내가 하는 일마다 번창하고 성공하는 걸 보고 사람들은 재수가 좋다고 말을 했지만 나는 그렇게 생각하지 않았다. 남쪽으로 내려오면서 나는 하나님께 어찌해야 할지 모르니 갈 길을 인도해달라고 간절히 기도했었다.

나는 하나님께서 내 기도를 들으시고 길을 인도해주셨다는 사실을 믿어 의심치 않았다. 정직과 신용으로 사업을 이끌라고 가르쳐 주신 분은 바로 하나님이었기 때문이다.

인생의 전환점, 판유리 공업

.

휴전이 된 후 제주도에서 하던 사업을 전부 정리하고 나는 다시 서울로 올라왔다. 뭔가 뜻있는 일을 해보고자 하는 마음에서였다.

전쟁이 할퀴고 간 상처는 우리 국토의 곳곳을 얼룩지게 했다. 피해를 보지 않은 지역이 없었고, 희생을 당하지 않은 가족이 없었다. 서울을 비롯한 온 나라가 거의 파괴되어버려 다시 시작하려는 사람들에게는 잿더미에서 나라를 재건해야 하는 책임감이 부여되었다. 다른 나라의 원조에 힘입어 대한민국은 다시 힘차게 전국적인 복구 작업을 활발하게 진행시켜갔다.

나는 기업인으로서 나라를 위해 무엇을 할 수 있을까를 깊이 생각했다. 시대적으로도 사업가들에게 사회와 나라에 기여할 것을 절실히 요청하고 있었다.

어른이 된 이후 줄곧 사업에만 매달려 왔지만 아직도 내 마음 깊은 곳에는 어린 시절에 심어졌던 오산의 정신과 기독교 정신이 또

렷이 살아 있었다. 민족교육과 기독교신앙을 체질화하면서 성장한 나였지만 식민지 치하에서 사업을 하는 동안 수많은 좌절과 실패를 경험하였다.

그래서 어쩔 수 없이 조국을 떠나 이국에 가서 열심히 일을 했지만 결국 공산군에게 모조리 빼앗기고 빈털터리로 월남했다. 그런데 곧 다시 민족의 큰 비극인 6·25전쟁이 터졌다. 그런 전쟁의 와중에서도 전국 각처에서 전전긍긍하며 작게나마 사업을 이루어보려고 하였으나 상황은 열악하기만 했다.

나는 국가적으로 뜻이 있고, 사회에 보탬이 되며, 우리 민족에게 기여할 수 있는 사업을 하고 싶었다. 지금까지의 경험을 밑천 삼아 나라를 재건하는 데 작은 도움이라도 될 수 있다면 독립운동을 하는 심정으로 참여해볼 각오였다.

전국적으로 벌어지고 있는 국가재건사업에 기여할 수 있는 업종을 생각하다가 나는 판유리사업에 생각이 이르렀다. 무역업을 하면서 소규모이긴 하지만 판유리 수입에 손댄 적이 있었던 나는 판유리의 원료가 규사라는 걸 알고 있었다. 그 규사가 우리나라의 해변에 숱하게 널려 있다는 사실을 떠올렸던 것이다.

복구사업을 벌이고 있던 우리나라는 시멘트와 유리를 가장 크게 필요로 했다. 나는 전국의 해변에 방치되어 있는 값싼 모래를 녹여 투명한 유리판을 만드는 꿈을 꾸기 시작했다. 내가 만든 유리들로 이루어진 반짝이는 큰 빌딩들을 상상하며 나는 여러 밤을 새웠다.

만일 유리를 우리 손으로 만들 수만 있게 되면 복구사업에 절대적으로 필요한 건축자재를 생산하게 되는 것이므로 막대한 외화의 유출을 막을 수도 있었다.

당시 우리나라에는 병유리를 만드는 공장은 있었지만, 판유리를 생산하는 공장은 없었다. 판유리 공장은 시설비가 많이 들기 때문에 전쟁으로 폐허가 된 우리나라의 경제력으로는 꿈도 꾸지 못할 사업이었다.

마침 그때에 반가운 소식이 전해져 왔다.

한국의 재건을 위해 조직된 유엔기구 운크라(국제연합 한국재건단: UNKRA)에서 시멘트, 비료공장과 함께 3대 기간산업의 하나로 건설하고 있던 인천판유리공장을 민간인에게 불하한다는 소식이었다.

그 소식은 나에게 큰 희망을 불어넣어주었다. 어느덧 40대 중년의 나이에 접어든 나에게 이 일이야말로 새롭게 인생을 걸어볼 만한 가치 있는 일로 생각되었다. 어쩌면 지금까지의 사업경험은 이 일을 위한 준비과정이었는지도 모른다는 생각이 들었다.

나는 마음의 결정을 내리고 평생의 동지요 친구인 김치복과 이봉수를 찾아갔다. 그들과 마음을 합친 후, 우리는 곧 인천판유리공장을 인수하기 위해 대한유리공업기성회를 설립했다. 그리고 철저히 준비해서 인천판유리공장 입찰에 뛰어들었다.

입찰에는 우리말고도 3개 회사가 더 참여했는데 첫 번째 시도에서는 4개 회사가 모두 정부의 재정가격에 미달되어 결정이 미루어졌고, 2차 때도 결과는 마찬가지였다.

세 번의 시도 끝에 1956년 12월 19일, 대한유리공업기성회는 4

나는 사랑에 빚진 자입니다

개 회사 중 최고액으로 낙찰이 결정되었다. 떳떳하게 인천판유리공장을 인수하게 된 것이다.

그런데 갑자기 운크라 쪽에서 이의를 제기하고 나왔다. 우리가 최고입찰자이긴 하지만, 판유리 제조 기술자를 확보하지 못했기 때문에 공장을 맡길 수 없다는 것이었다.

당시 우리나라에서 가장 큰 재벌이 이끌던 모 회사가 비록 2위 입찰사이긴 하지만, 제조기술자를 완전하게 갖추었으므로 그 회사가 판유리공업을 담당할 적임자라는 주장이었다.

그런데 그것은 너무 터무니없는 주장이었다. 왜냐하면 판유리공장이 없는 우리나라에는 판유리기술자가 있을 리 없었다. 그런데도 기술자 운운하는 것은 우리나라 사정을 무시한 처사라고밖에 할 수 없었다. 우리는 서울공대를 졸업한 젊고 우수한 두뇌들을 이미 확보하여 기술진용을 갖춘 터였다. 경쟁사가 된 그 회사에 비해 우리 대한유리공업기성회가 뒤떨어지는 게 있다면 재력과 지명도 정도였을 것이다.

나는 운크라에 그와 같은 사실을 항의했다.

"당신들은 우리가 2위 입찰사보다 훌륭한 기술진을 확보하지 못하고 있다고 하는데, 그것은 우리나라의 현실을 충분히 이해하지 못한 탓입니다. 그러나 혹시 그 말이 사실이라고 하더라도 당신들의 결정에는 수긍할 수가 없습니다. 그렇다면 처음부터 기술자의 확보 문제를 입찰의 필수조건으로 밝혔어야 할 것입니다. 우리는 입찰공고에 나온 대로 성실하게 준비해서 입찰에 임했고 낙찰되었는데 이제 와서 입찰공고 때 언급하지 않았던 조건을 들어 합법적인 낙찰을 무효화시키려는 것은 참으로 납득하기 어려운 처사입니다."

그럼에도 불구하고 운크라 측은 계속 우리가 포기할 것을 종용했다. 정말 황당하고 억울하기만 했다.

더구나 가장 공의롭고 민주적이어야 할 유엔의 기구가 합법적인 절차를 따라 이루어진 공개입찰의 질서를 파괴하려는 데에는 울화까지 치밀었다. 그래서 어느 한순간 그만둘까 하는 생각도 들었지만 그럴 수는 없는 일이었다. 옳지 않은 일에 순응해서는 안 되기 때문이었다.

나는 부당한 처사에 굴복할 수 없다는 강경한 어조의 진정서를 운크라 측에 제출했다. 이 문제는 사회적인 이슈로까지 진척되어 신문의 사설에까지 등장했다. 여론은 운크라의 신뢰 없는 자세와 우리 정부의 소신 없는 태도를 비난했다. 나중에는 우리에게 2위 입찰사와 합작하라는 권유까지 했던 운크라와 정부는 마침내 결단하지 않을 수 없는 사정으로 몰렸다.

마침내 1957년 1월 14일, 당시 상공부의 김일환 장관과 나는 인천판유리공장의 불하계약에 서명했다. 드디어 한국유리가 출발한 것이었다.

나는 사랑에 빚진 자입니다

무에서 유를 창조한 개척자들

그렇게 해서 나는 유리 인생을 걷게 되었다.

그날 이후 나는 단 한순간도 유리 외에는 한눈을 팔지 않고 달려왔다. 단순한 하나의 제품이 아니라 나의 분신이 되어버린 유리에 모든 것을 바치며 살아온 40년 인생이다.

1957년 3월 11일. 한국유리가 창립된 날이다. 나는 그날을 잊을 수가 없다.

국내 최초의 판유리공장이 세워진 인천을 기념하기 위해 붙여진 인천유리공업주식회사라는 이름을 한국유리공업주식회사로 바꾸고 새롭게 출발한 날이다. 그리고 지금껏 판유리 생산에 온 정성을 다 기울였다.

원래 개척자들에게는 시련과 어려움이 따르게 마련이다. 후발주자들보다 훨씬 많은 땀과 눈물도 요청된다. 이 땅에 처음 판유리가 생산되기까지 우리 한국유리의 초대직원들이 흘렸던 땀과 눈물은 바로 개척자들의 그것이었다.

그 판유리의 개척자들은 바로 강용구와 변일균을 중심으로 한 서울공대 출신 기술자들이었다. 그들은 그야말로 무에서 유를 창조한다는 신념으로 이 낯설고 새로운 사업에 뛰어들었다.

당시 동숭동에 소재하고 있던 서울대학교 문리과대학에서 치른 선발시험에 수많은 젊은이들이 응시했다. 그들 가운데 우수한 인재 2백여 명이 선발되었다. 그들이야말로 오늘의 한국유리를 있게 한 진정한 일꾼들이었다.

1957년 9월 30일. 이 땅에 판유리공업의 출발을 알리는 불꽃이 붙여졌다. 이승만 대통령과 운크라의 콜터 단장, 김일환 상공부장관, 공장건설 책임자 맥케인 등 많은 관계자들이 참석한 가운데 역사적인 인천공장 준공식이 거행되었다.

그러나 모든 일이 순조롭게 진행되지는 않았다. 완전한 판의 생산까지는 상상도 할 수 없을 만큼 많이 난관이 기다리고 있었던 것이다.

그때 당시 우리나라에는 판유리를 제조하는 기술자가 한 명도 없었다. 그래서 우리는 7개 선진국에서 외국인 기술자들을 초빙해 하나부터 열까지 그들에게 배울 수밖에 없었다. 우리나라 최고 엘리트라 자부하는 젊은이들은 막일부터 시작해서 진흙과 싸우고 기름과 뒹구는 일도 마다하지 않았다.

외국인 기술자들과의 의사소통도 문제였다. 언어소통이 제대로 안 되니 손짓발짓으로 의사를 전달하며 진행하는 작업이 쉬울 리 없었다. 그때만 해도 영어를 잘하는 사람이 많지 않은 것이 우리나라의 실정이었다.

더구나 외국 기술자들도 국적이 7개국으로 다 다르다보니 그들끼리도 서로 의사소통이 어려웠다. 그러나 우리의 젊은이들은 목표가 분명했기 때문에 그런 정도의 불편을 불편이라고 생각하지 않았다.

그들은 우리나라에 판유리를 최초로 생산해낸다는 도전의식으로 의욕과 패기에 넘쳤다. 기술은 없었지만 사기는 높았다. 새로운 일을 해낸다는 각오로 물불 가리지 않고 도전했다. 우리는 진흙과 싸우며 밤과 낮을 가리지 않고 일했다.

나는 특별한 일이 없어도 일주일에 한 번씩은 지프를 타고 공장에 내려가 둘러보며 직원들을 격려하곤 했다. 그 당시만 해도 포장이 안 된 도로라 울퉁불퉁했기 때문에 두 시간 정도 차를 타고 가 공장에 도착할 때쯤이면 엉덩이가 다 얼얼했다.

오전에는 서울 본사에서 일을 보고, 오후 2시쯤 출발해 4시나 5시가 되어서 공장에 도착할 수 있었다. 그리고 도착하는 대로 곧장 회의에 들어가 8시쯤 도시락을 시켜 저녁 식사를 하며 긴 회의를 하곤 했다.

문제는 완성된 제품을 인상(유리 용해물을 봉으로 찍어 올린 뒤 롤러 사이를 통과시켜 유리를 제조하는 기술: 引上)해낼 수 있느냐였다. 우리는 7개월 동안 밤과 낮을 가리지 않고 최선을 다했지만, 한 번도 직접 판유리를 인상해본 적이 없었다. 그래서 걱정과 불안이 뒤따랐다. 모래가 정말로 판유리가 되어 나올까. 당연히 그럴 것이라고 생각하면서도 혹시 그렇지 않을지도 모른다는 우려를 지울 수 없었다. 그리고 그 우려는 현실이 되어 우리 앞에 다가왔다.

시제품 인상의 날이 1957년 10월 24일로 결정되었다. 그날 인천 공장에 사람들이 몰려들었고, 그 날만을 위해 진흙과 기름을 상대로 싸워온 한국유리의 모든 직원들이 인상기 주변을 둘러쌌다. 물론 나도 조마조마한 심정으로 그곳에 있었다. 저절로 기도가 나왔다.

"하나님! 우리는 사람으로서 최선을 다했습니다. 그러나 사람은 사람일 뿐 일의 성패를 좌우하는 이는 당신입니다. 이제는 당신에게 맡깁니다. 하나님께서 좋은 결과를 허락해주시기만을 빕니다."

마침내 인상기 상단에 유리판의 모습이 나타났다. 유리가 서서히 솟아올랐다. 모두들 긴장된 표정들이 역력했다. 그런데 아뿔싸! 얼마만큼 솟아오른 유리판이 산산이 부서져버렸다.

어쩌다 부서지지 않고 제대로 올라온 것도 결점이 많은 불합격품이었다. 조금만 충격을 가해도 깨져버리니 그런 유리를 어디에 쓰겠는가. 기대에 찬 눈빛으로 주시하고 있던 사람들의 얼굴에는 순식간에 실망의 빛이 떠올랐다. 나는 갑자기 눈앞이 캄캄해지면서 공연히 판유리사업에 손을 댔다는 후회가 일었다.

몇 번을 반복해도 계속해서 불량품만 나왔다. 그때의 참담함이란 이루 말할 수 없다. 그렇다고 그대로 주저앉을 수는 없었다. 어떻게 시작한 일인데 그만둔단 말인가. 더구나 내가 실망의 빛을 보인다면 다른 직원들은 얼마나 낙망하겠는가.

순간 동화공창의 일이 생각났다. 거품이 일지 않는 비누를 바라

나는 사랑에 빚진 자입니다

한국유리 인천공장

나는 기억한다. 지금과 같은 한국유리의 발전은

아무것도 없는 상태에서 오직 이 땅에 첫 번째 판유리를 생산하는

주역이 되겠다는 의지만으로 밤낮없이 열심히 일했던

개척자들이 뿌린 땀과 눈물의 소산임을 말이다.

보면서 느꼈던 그 허탈감이 바로 그 순간 그대로 생생히 되살아났다. 그리고 그때 거기서 주저앉지 않고 결국엔 성공했던 기억을 되살렸다. 실패란 인정하지 않는 한 존재하지 않는다는 각오가 나를 다시 일어서게 했다.

나는 기술진들을 격려해서 그들과 함께 결점을 찾아내기 위해 재검토를 시작했다. 지성이면 감천이라고 했던가. 하나님은 우리의 정성을 보시고 응답하셨다.

드디어 합격품이 올라왔다는 소식이 전해졌고 공장 전체는 완전히 흥분의 도가니가 되었다. 우리 모두 걷잡을 수 없는 기쁨에 환호성을 지르며 서로를 얼싸안았다.

우리들이 숱하게 흘린 눈물과 땀은 무의미하지 않았다. 그동안의 수고와 어려움이 말끔히 씻어지는 듯했다. 최초의 완성 제품을 포장하여 즉시 청와대로 달려가 인천공장의 순조로운 가동을 알렸다.

1957년 10월 24일. 그날은 실로 이 땅에서 판유리가 최초로 생산된 역사적인 날이었다.

그 후, 본격적으로 생산에 들어간 한국유리 인천공장은 순조로운 진행을 보였다. 우리 기술자들은 곧 외국 기술자들의 수준을 따라잡기 시작했고, 점차 우리 기술자들이 외국 기술자들의 자리를 차지하게 되었다. 한국인의 손재주가 어느 나라 사람보다 뛰어나다는 사실을 다시금 확인하게 되었다. 외국인 기술자들은 2년 계약이었지만 한 사람을 빼고는 모두 2년이 채 되기 전에 모두 본국으로 돌아갔다.

시판하는 데 있어서 초기에 약간의 문제가 없었던 것은 아니다. 우리나라의 판유리는 전적으로 수입에 의존하고 있었는데, 수입업자들은 우리 회사에서 유리를 생산한다 하더라도 단가 면에서 외국제품과 경쟁하기가 어려울 것이라고 예측하고 무분별하게 수입량을 확대했다.

그 때문에 우리 회사는 판매하는 데 많은 어려움을 겪었다. 우리 회사의 창립 당시의 비전은 '사회에 이익을 준다'이다. 우리는 이 비전을 상기하며 수입유리의 규격과 포장방법에 버금가는 완제품을 적정가격으로 출하하고, 중간 유통 마진을 극소화하는 방법으로 시판에 따른 어려움에 대응해나갔다. 처음엔 적자를 면할 길이 없었지만 어려움은 오래가지 않았다.

그 이듬해부터 우리나라에 건설붐이 불기 시작한 것이었다. 전쟁으로 파괴된 건물들을 복구하는 사업으로 갑자기 들이닥친 건축붐은 유리제품의 수요를 촉진했다. 그래서 그 동안 쌓여 있던 판유리를 일시에 소비하게 되었고, 오히려 생산이 수요를 따르지 못하는 상태로까지 이어졌다.

생산시설을 늘리는 일이 불가피해졌다. 회사를 만든 지 3년이 지난 1960년 제2로를 착공하기에 이르렀다. 처음 시작할 때 한국유리는 연간 10만 상자를 생산하는 규모였다. 당시 국내에서 필요로 하는 수요량이 4, 5만 상자 정도였으니 그만하면 넉넉한 편이었다.

그런데 40년이 채 안된 현재 군산 · 부산 공장을 거느린 한국유리는 한 해에 1천5백만 상자를 생산하기에 이르렀으니 단순 수치만으로도 150배가 넘는 성장을 한 것이다.

나는 기억한다. 지금과 같은 한국유리의 발전은 아무것도 없는 상태에서 오직 이 땅에 첫 번째 판유리를 생산하는 주역이 되겠다는 의지만으로 밤낮없이 열심히 일했던 개척자들이 뿌린 땀과 눈물의 소산임을 말이다. 지금의 한국유리는 그들의 숭고하기까지 한 희생 위에 세워져 있음을 기억하고 있다.

나는 사랑에 빚진 자입니다

박 정권의 환수령이라는 위기

유리생산이 최고의 수준에 다다를 즈음 4·19혁명이 일어났다. 그로 인하여 정치적, 사회적 분란이 야기되면서 경제는 위축되어갔다. 자연히 유리의 판매량도 현저하게 줄어들었다. 1961년에 들어와서도 판매여건은 여전히 좋아질 기미가 보이지 않았다.

그러던 어느 초여름 밤에 낯선 사람들이 찾아왔다.

그들은 다짜고짜 나를 지프에 밀어 넣고 어딘가로 데리고 갔다. 이유인즉 내가 부정축재자라는 것이었다. 5·16군사쿠데타로 정권을 잡은 박정희는 국내의 유수한 기업가들을 모두 부정축재자라는 명목으로 잡아들이고 환수금을 배당했다. 우리 회사는 6억 2천여만 원의 금액을 통고 받았다.

나는 내가 왜 부정축재자라는 오명을 쓰고 끌려가 심문을 받아야 하는지 이해할 수 없었다. 나도 사람인 이상 언제나 옳았다고 할 수는 없지만, 나는 지금까지 최선을 다해 바르고 정의롭게 살려고 노력해왔다. 기업을 하는 데 있어서도 나는 이윤을 최고의 목표로 삼기보다 신용과 봉사를 우선으로 생각하며 사업을 하고 있었다.

그러했기에 내가 부정축재자라는 오명은 참기 어려웠다. 단지 제법 큰 기업을 이끌고 돈이 많다는 이유만으로 한꺼번에 매도하는 것은 옳지 않다고 생각했다. 옳지 않은 것은 나쁘게 돈을 벌고 나쁘게 돈을 쓰는 것이다. 선하게 돈을 벌고 선하게 사용하려는 사람이라면 재물이 많을수록 좋은 것이 아닌가?

내가 억울함을 표시하자 내 담당자는 이렇게 대답했다.

"우리도 잘 모릅니다. 단지 우리는 시키는 대로 하는 거니까요. 그런데 들리는 말로는 이전 정권에 정치자금을 댄 사람들을 골랐다던데, 5천만 원 낸 사람까지 선별했다고 하더군요."

어이없게도 우리 회사가 희사한 돈의 액수가 정확히 5천만 원이었다.

당시 제법 큰 사업을 하는 사람치고 정부에 돈을 내지 않은 사람은 없었다. 우리 회사에서도 얼마간의 돈을 준 것은 사실이다. 사회에서 돈을 벌었기 때문에 사회를 위해 쓰도록 사업가들이 돈을 내놓는 것이 합당하다고 생각해서였을 뿐 다른 뜻은 전혀 없었다.

나는 학자도 아니고 정치인도 아니고 예술가도 아니다. 이런 내가 사회를 위해 기여할 것이 무엇이 있겠는가? 기업가인 내가 할 수 있는 것은 번 돈의 얼마를 사회를 위해 내놓는 것이라고 생각했다.

지금도 마찬가지지만 나는 처음부터 정치에 대해서는 관심이 없다. 사업을 하는 사람은 사업에만 전념해야 한다는 신념을 지금까

나는 사랑에 빚진 자입니다

지 고수해오고 있다.

어쨌거나 새로 정권을 잡은 사람들은 자신들의 권력기반을 다지기 위해 사회를 재편성하는 수단으로 기업에 대한 간섭을 시작했다.

대한민국에서 사업을 한다는 사람은 모조리 잡아들였다. 나이가 많든 적든 일단 잡아들여 가둬놓고 철저하게 조사를 하기 시작했다. 그래서 나도 감옥에 갇힌 신세가 되어 이리저리 불려 다니며 조사를 받았다.

나는 거리낄 것이 없었으므로 그 누구 앞에서나 담담했다. 시대가 어떻게 바뀔지 다소 염려스럽긴 했지만 일제시대와 공산사회를 경험한 나에게는 확고한 믿음이 있었다. 그것은 조국에 대한 믿음이었는데 인간의 보편적 가치에 대한 믿음이기도 하다.

함께 조사를 받던 사업가들 중 많은 이들은 안절부절했는데 이전 정권에 유착하여 특혜를 노리던 사람들은 더욱 그러했다.

"당신은 어떻게 부인한테까지 그리 매정할 수가 있소?"

한번은 조사를 하러 들어온 사람이 대뜸 그렇게 말했다. 무슨 말인가 싶어 그 사람의 얼굴을 쳐다만 보고 있는데 그 사람은 참 재미있는 일을 다 보겠다는 듯이 허허 웃으며 이렇게 말을 시작했다.

"우리 수사관들이 불시에 사장님 집을 수색하러 갔는데, 글쎄, 그 친구들이 하나같이 한다는 소리가 그럽디다. 도대체 둘째가라면 서러워할 큰 회사를 가지고 있는 재벌집에 어떻게 값나가는 패물 하나 없느냐고요. 이 사람 저 사람 할 것 없이 가는 곳마다 다이아몬드다, 뭐다, 으리으리하게들 해놓고 산다던데, 사장님 집은 쓸 만한 물건은 아무리 찾아봐도 없다고 합디다. 그래, 어떻게 패물도 하나 안 해주셨습니까?"

그들 말대로 우리집에는 정말 보석이라고 할 만한 것이 하나도 없었다. 그것은 지금도 마찬가지인데, 나 자신도 사치하기를 좋아하지 않지만 나의 아내도 치장하는 데 돈 쓰는 일이 거의 없었다.

값나가는 반지 하나 사려 하지 않고, 옷에 대해서도 욕심을 내지 않았다. 만일 아내가 그런 걸 욕심냈다면 남편인 내가 아무리 뭐라 한들 어쩔 수 없었을 것인데 내 아내는 나보다 사치하질 않았다.

그러니 우리집에서 귀금속이나 비단 조각 같은 것이 나올 리 만무했고, 그 흔한 수입가구며 가전제품 하나 찾아볼 수 없었던 것이다. 그래서 그 수사관은 기분 좋은 듯했다.

나중에 아내에게서 그때 일을 들었는데 장정 서너 명이 불쑥 쳐들어와서는 몇 시간 동안이나 집안을 구석구석 뒤지며 난장판을 만들어 놓고 나서는 그러더라는 것이다.

"이런 집은 정말 처음입니다. 커피나 한 잔 끓여 주십시오. 다른 집에서는 물 한 컵도 안 얻어먹었습니다만, 이 집에서는 커피 한 잔쯤 얻어 마셔도 될 것 같습니다."

그래서 아내는 커피를 끓여 주었고, 그들은 매우 유쾌하게 커피를 마시며 이야기를 나누다가 돌아갔다는 것이다.

그날 이후로 조사관들이 나를 대하는 태도는 현저하게 달라졌다. 그들은 깍듯이 예의를 차렸고, 묻지 않아도 사장님은 죄가 없으니까 금방 나가실 거라고 알려주기도 했다. 조사를 받기 위해서나 조사를 받고 나서 이동할 때 늘 팔에 채우던 수갑도 풀어주었다.

"수갑을 차지 않아도 될 것 같습니다. 그냥 갑시다."

나는 다른 사업가들도 모두 수갑을 차지 않고 이동하는 줄 알았는데 나중에 알고 보니 그게 아니었다. 고령의 노인도 수갑을 차고 이송되었는데 특별히 나만 수갑을 채우지 않았던 것이다.

그리고 정말 그들 말대로 나는 조사 받던 사업가들 중 제일 먼저 자유의 몸이 되어 나왔다.

나를 조사하던 수사관들 중에는 퇴직하면 내 밑에서 일하고 싶다고 해서 나는 그러라고 약속했다.

십수 년이 지난 후 나는 그 약속을 지켰다. 지금 우리 회사 경비 책임자가 바로 그 가운데 한 사람이다.

시련에는 다 뜻이 있다

우여곡절도 있었지만 우리 회사는 그런대로 순풍에 돛을 단 듯 빠르게 성장해갔다.

1970년도에는 미국의 PPG사와 기술제휴를 맺고 펜버논식 유리를 생산하게 되면서 맑은 판유리 제조에 있어 하나의 기술혁명을 이룩했고, 세계 수준의 기술을 보유하기에 이르렀다.

외국의 제품과 견주어 결코 뒤지지 않는 물건을 만든다는 것이 나의 신념이었고, 우리 회사의 목표였다. 그로 인해 우리 회사는 질적으로나 양적으로 만족할 만한 수준의 성장을 거듭해왔다.

그렇다고 한국유리가 순항만 한 것은 아니었다. 회사문을 닫아야 할 정도의 결정적인 위기도 몇 차례 있었다.

그중 가장 타격이 컸던 것은 1970년대 초의 일이었다. 한국유리의 생산량만으로도 충당되던 유리시장에 동성판유리주식회사가 등장한 것이다. 동성판유리는 출발할 때부터 우리 회사 부장급 직원 5명을 포함해서 상당수의 숙련기술자들을 데려갔다. 그러나 그것은 이후에 발생할 다른 문제들에 비하면 그리 큰 문제도 아닌 셈이었다.

당시 국내의 유리 소비 규모는 연간 1백만 상자 정도로 우리가 생산해 내는 유리가 1백50만 상자였으니 충분한 실정이었다. 그런데 동성판유리가 한 해 동안 1백만 상자를 더 생산해내기 시작한 것이다. 생산량의 90퍼센트 이상을 수출한다는 조건으로 설립허가를 받은 동성판유리였는데 수출이 부진해지자 내수시장에 뛰어들고 말았다.

결국 공급초과로 가격경쟁이 불가피해졌고 후발주자인 동성판유리가 내세울 수 있는 전략은 무차별적인 덤핑판매였다. 상대방이 원가 이하로 덤핑하면서 가격시장을 어지럽히는 상황에서 울며 겨자 먹기로 우리도 값을 내려야 했다. 그런 식의 출혈경쟁은 두 회사 모두에게 심각한 타격이었지만 달리 도리가 없는 상황이었다.

궁여지책으로 한국유리와 동성판유리가 60대 40의 비율로 공동판매회사를 만들기도 했지만 실효를 거둘 수는 없었다. 한때는 격렬하게 경쟁을 벌이던 두 회사가 공동판매의 원칙에 순순히 따를 리 없기 때문이었다.

그런 식의 비효율적이고 낭비적인 경쟁이 무려 3년이나 계속되다 보니 회사의 형편이 말이 아니었다. 이는 권투시합에서 양쪽이 한 번씩 다운당하고, 이제 어느 쪽이든 한 방만 맞으면 그대로 나가떨어지고 말 상황에까지 다다른 것이다. 하룻밤 자고 일어나면 이

자가 눈덩이처럼 불어나서 아침에 잠을 깨기가 두려울 지경이었다.

그 동안 투자를 늘리며 성장을 거듭해왔지만 이런 식의 소모적인 혈전을 계속한다는 것이 부질없게 여겨졌다. 사업을 같이 시작한 동업자들에게선 손을 떼겠다는 의사가 하나둘 전해져왔다. 길고 긴 회의가 여러 날 계속되었다. 이제 그만 손을 들고 문을 닫자는 의견이 공공연히 나왔다.

나도 매우 힘들고 실망스럽기 마찬가지였지만 회사를 책임진 입장에서 절망에 빠진 동업자들과 임원들, 그리고 근로자들을 격려하고 용기를 북돋아주어야만 했다.

우리에게 닥친 지금의 상황이 어렵긴 하지만 절망할 만큼은 아니라는 사실을 그들에게 이해시켜야 했다. 비록 지금 위기에 직면해 있는 것이 사실이지만 헤쳐 나가지 못할 만큼 위험하고 무서운 위기란 없다는 것이 나의 신념이었다.

나는 그들에게 이 사실을 여러 번 강조해서 설득했다.

"그동안 우리가 한국유리를 어떻게 키워왔는가를 생각해봅시다. 한국유리는 우리의 땀과 눈물과 혼의 결정체가 아닙니까. 한국유리는 우리의 분신이나 다름없지 않습니까. 그런데 어떻게 회사를 포기할 수 있습니까. 어려움은 언제나 있습니다. 문제는 어려움이 올때 좌절하고 주저앉느냐, 그 어려움을 딛고 일어서서 웅비하느냐에 있습니다. 초장기를 생각해보십시오. 우리는 규사가 어떻게 유리로 바뀌는지도 모르는 사람들이었습니다. 아무것도 없는 상태에서 오로지 이 땅에 판유리공장을 세워 내 손으로 판유리를 생산해내겠다

나는 사랑에 빚진 자입니다

는 일념으로 일했습니다. 어려움이 오면 그때의 일과 우리가 가졌던 신념을 생각합시다. 지금의 시련은 우리를 더 크게 성장시키려는 하나님의 뜻으로 이해하고 용기를 냅시다."

그것은 사실 내가 당시 그 사건을 바라보는 관점이었다. 하나님께서 한국유리를 지금의 작은 성취에 만족하지 않고 더 크고 뜻있는 일을 하게 하시려고 주는 시련이라고 해석하고 싶었다. 시련을 통해 강철처럼 단련될 수 있다는 사실을 《성경》을 통해 알고 있었고, 또한 모든 시련에는 뜻이 있다는 사실도 알고 있었기 때문이었다.

나는 그 시련을 통과해나갈 수 있는 힘과 지혜를 허락해달라고 기도하면서 전 직원에게 비상사태를 선포했다. 우리의 현실을 솔직하게 알리고 어려움에 동참해줄 것을 호소했다.

감사하게도 직원들은 나와 뜻을 이해해주었다. 곧 회사의 분위기는 역전되어 의욕과 기대가 싹트기 시작했다. 직원들은 애사심을 발휘하여 우리 회사는 우리가 살리자며 열심히 일했고 월급을 반납하기까지 했다.

그와 같은 직원들의 운동이 그 어려운 위기를 넘길 수 있었던 참된 힘이었다고 생각한다. 만일 온 직원들이 회사를 살리자고 그렇게까지 애써주지 않았다면 우리가 먼저 손을 들어버렸을지도 모른다.

결국 3년간의 긴 출혈경쟁 끝에 동성판유리가 손을 들었다. 동성판유리의 지불보증을 섰던 정부는 동성판유리의 처리문제에 고심했고, 결국 정부는 우리에게 인수할 것을 요청해왔다.

다시 긴 회의가 열렸다. 그동안 동성판유리와의 경쟁으로 계속

한국유리 부산공장

세상을 살아가는 데 있어 굴곡은 있게 마련이다.
중요한 것은 여건과 상황에 따라 일희일비하며 이리저리 흔들리는 것이 아니라,
그 여건과 상황에 감추어진 뜻을 읽고
그 어려움을 뛰어넘기 위해 노력하는 것이다.

무언가를 포기하면 그보다 훨씬 큰 보답이 머지않아 뒤따른다는 믿음,
그것은 바로 나의 인생체험에서 나온 것이었다.

적자운영을 해왔던 우리의 형편으로는 그 회사를 떠맡는 것이 여간 부담스러운 일이 아니었다. 만일 우리가 동성을 인수한다면 그 회사의 종업원과 빚도 모조리 떠맡아야 하는데 정부에서 어느 정도의 자금을 제공해준다 해도 그것은 쉽게 해결될 일이 아니었다. 회의에 참석한 임원들 가운데 상당수가 동성판유리 인수에 반대했다.

"그냥 두어도 무너질 회사를 인수할 필요가 뭐 있습니까?"

3년이란 긴 시간 동안 물불 가리지 않고 싸웠던 상대회사에 대한 감정이 좋을 리 없었다. 힘들게 싸워 이제 막 승리했는데 그들을 돕고 싶지 않은 마음도 충분히 이해가 되었다.

그러나 한편에서는 동성판유리를 인수하는 것이 좋겠다는 의견을 내는 임원들도 있었다.

"물론 우리 형편으로는 무리가 따르는 것이 사실입니다. 하지만 우리가 인수하지 않으면 동성은 없어질지 몰라도 다른 동성이 나오지 말라는 법은 없습니다. 우리가 동성을 인수하지 않으면 누군가 인수할 텐데, 그렇게 되면 또다시 그 지겨운 싸움을 되풀이해야 합니다. 상대가 동성보다 더 강하고 야비하지 말란 법이 없습니다."

나는 그러한 모든 의견들과 여러 사정을 고려하여 신중히 검토한 끝에 인수하는 쪽을 택했다. 동성판유리의 종업원과 빚을 떠맡는 것이 부담스러운 일이었지만, 터무니없는 경쟁이 없어지는 것만이라도 다행이라고 위안하면서 말이다. 또한 이런 방법을 통해서라도 우리 회사를 더욱 단단하게 하시려고 하나님이 이런 시련을 주셨던 것은 아닐까 생각했다.

그렇게 해서 한국유리는 라이벌이었던 동성판유리를 인수했다. 지금의 부산공장이 바로 동성판유리의 옛공장이다. 본인이 희망하는 한 동성판유리의 직원들도 모두 받아들였다. 우리 회사에서 나갔던 사람들도 모두 다시 돌아왔다.

그런데 그 후 참으로 이상한 일이 발생했다. 동성판유리를 인수하고 나자 갑자기 우리나라에 건설붐이 일기 시작한 것이다. 그때는 마침 경제개발5개년계획을 추진하면서 사회간접자본을 확충하던 시절이었다. 그래서 건설붐이 일기 시작해 유리제품의 수요도 갑자기 팽창하게 되었다. 따라서 힘겹게 인수한 부산공장을 가동해야만 수요에 필요한 유리를 공급할 수 있게 되었던 것이다.

이런 것을 전화위복이라 하는 건지 모르겠다. 하지만 나는 지난 3년간의 시련을 이 일을 준비시키기 위한 하나님의 뜻이었다고 해석하지 않을 수 없었다.

이후 1981년 불경기 때도 회사의 문을 닫아야 할 정도의 큰 위기가 한 차례 더 있었지만, 똑같은 신념과 뚝심으로 극복해냈다.

세상을 살아가는 데 있어 굴곡은 있게 마련이다. 중요한 것은 여건과 상황에 따라 일희일비하며 이리저리 흔들리는 것이 아니라, 그 여건과 상황에 감추어진 뜻을 읽고 그 어려움을 뛰어넘기 위해 노력하는 것이다.

눈앞의 작은 이익에만 연연할 것이 아니라 멀리 있는 더 큰 뜻을 볼 수 있어야 한다. 뜻을 좇으면 이익도 얻을 수 있지만, 이익만 좇는 사람은 뜻도 이루지 못하고 이익도 얻기 힘들다.

　　　　　　　나는 사랑에 빚진 자입니다

나는 살아오는 동안 그런 경험을 여러 번 했다. 무언가를 포기하면 그보다 훨씬 큰 보답이 머지않아 뒤따른다는 믿음, 그것은 바로 나의 인생체험에서 나온 것이었다.

제2부

믿음의 경영철학

기업은 나만의 것이 아니다

회장님은 어떻게 이리도 많은 일에 관여하십니까?

사람들은 종종 나에게 이렇게 묻곤 한다. 내가 많은 직함을 갖고 있기 때문이다. 내가 생각해도 한 사람이 맡고 있는 직분으로서는 너무 많은 것이 사실이다. 한국국제기아대책기구, 한국크리스찬아카데미, 한신대학, 경희대학, 오산중고등학교, 신일중고등학교, YMCA, 전국경제인연합회 등 내가 관여했거나 관여하고 있는 기관들의 이름을 대려면 한참 걸린다.

내가 뭐 특별히 명예욕이 많아서도, 권력욕이 있어서도 아니다. 38년 동안 유리산업 하나만 해온 것만 봐도 알 수 있듯이 나는 여기저기 기웃거리는 일을 별로 좋아하지 않는다. 하나를 하더라도 제대로 해야 하고 그럴 자신이 없으면 아예 손을 대지 말아야 한다는 것이 나의 평소의 소신이다.

나는 사랑에 빚진 자입니다

그런 내가 사회활동가처럼 이렇게 많은 일에 관여하고 있는 것은 인간 최태섭으로서 아니라 기업가 최태섭으로서 해야 할 일이라고 생각하기 때문이다.

나는 항상 기업이란 하나님께서 우리에게 맡겨주신 것이므로 경영자는 성실하게 청지기의 사명을 다해야 한다고 말하곤 한다. 기업뿐 아니라 이 세상의 모든 것은 잠시 하나님으로부터 위탁받은 것이라고 믿고 있다.

청지기는 주인의 재산을 관리하는 사람으로서 그것을 자기 마음대로 사용해서는 안 된다. 그 재산이 자기 것이 아니라 주인의 것이기 때문에 청지기는 자기 뜻에 따라서가 아니라 주인의 뜻과 지시에 따라 관리하고 사용해야 한다.

나는 나에게 맡겨준 하나님의 재산을 그분의 뜻에 따라 옳게 사용하고자 애써왔다. 하나님은 사회와 이웃을 위해 봉사하라고 일정 분량의 기업을 나에게 맡기셨다. 그래서 사사로운 이익이 아니라 공익을 위해 기업해서 번 돈을 사용하는 것이 중요하다. 그렇기 때문에 나를 필요로 하는 곳에 가지 않을 수 없고, 나의 도움을 구하는 사람들을 모른 체할 수 없는 것이다. 그것이 내가 분에 넘치게 많은 직함들을 가질 수밖에 없게 된 사연이다.

나는 믿는다.

하나님이 나에게 이만한 성취를 허락하신 것은 그것을 가지고 이웃과 사회에 봉사하기를 원하시기 때문이라는 것을 말이다. 만일 내가 그분의 뜻을 거역한다면 이 우주의 유일한 소유주인 하나님은 청지기를 바꿔버리실지 모른다. 그러한 생각은 나태해질 때마다 나를 깨어 있게 만든다.

다른 사람보다 힘이든, 돈이든, 지식이든 그 무엇이든 더 많이 가진 사람은 그것을 사회와 이웃을 위해 봉사하는 데 사용해야 한다. 그것은 내 것이 아니라 주인의 것이며 주인이 잠시 나에게 맡긴 것이기 때문이다. 주인의 뜻은 청지기가 그것을 잘 관리해 이웃과 사회에 기여하기를 바라는 것이라고 믿는다.

사회의 지원과 도움 없이 성장한 기업은 없다. 따라서 성장한 자식이 자기를 키워준 부모를 봉양하듯 성장한 기업 또한 사회를 위해 봉사하고 책임질 줄 알아야 한다.

물론 기업은 이윤을 추구하는 집단임에 틀림없다. 기업은 왜 이윤추구를 하는가? 무엇을 위해 하는 건가? 이윤추구는 기업의 일차적 목표일지 모르지만 최종목표는 아니다. 기업이 추구해야 할 최종목표는 봉사이다. 사회에 봉사하기 위해 이윤을 추구하는 것이다. 나는 개인적으로 적어도 기업이윤의 20퍼센트는 사회에 환원해야 한다고 생각하고 또 그러기 위해 노력해왔다.

사회를 위해 봉사해야 한다는 가치관을 가진 기업가는 어떤 경우에도 사회에 해를 끼치는 일을 할 수 없다. 돈만 벌면 된다는 생각으로 사람과 사회에 유해한 제품을 만들고 부실한 공사를 하는 것은 올바른 가치관 없이 사업을 했기 때문이라 생각한다. 기업을 하는 사람에게 요청되는 가장 큰 덕목은 신용과 책임의식 같은 높은 도덕성이어야 한다. 이것은 사업을 시작한 젊은 시절부터 지금

나는 사랑에 빚진 자입니다

봉사로 받은 상패와 상들

나는 믿는다.

하나님이 나에게 이만한 성취를 허락하신 것은 그것을 가지고

이웃과 사회에 봉사하기를 원하시기 때문이라는 것을 말이다.

기업가인데도 봉사상과 상패가 많은 것이 더 자랑스럽다.

그것은 우리 사회에서 꼭 필요한 사람이고,

기업이라는 뜻이라고 여겨져서 기분이 좋다.

까지 고집해온 하나의 신념이기도 하다.

그런 나의 기업관이 사회로부터 어느 정도 인정을 받아서인지 나와 한국유리는 우리 사회의 각종 단체로부터 그동안 여러 가지 상을 받았다. 그런 많은 상들이 주어진 이유에 대해서 사람들로부터 이해를 받고 싶다.

내가 받은 상이나 우리 회사가 받은 평가들은 생산성과 관련해서 받은 것이 아니다. 그 점이 조금 아쉽기도 하지만 그렇다고 또 크게 서운하지도 않다. 왜냐하면 그런 상과 평가도 소중하지만, 사회기여도가 가장 높은 기업이고 참경영인이라는 평가가 더 소중하다고 생각하기 때문이다. 그것은 우리 사회에서 꼭 필요한 사람이고, 기업이라는 뜻이라고 여겨져서 기분이 좋다.

나는 기업의 부동산 투기도 같은 맥락에서 반대한다. 물론 부동산투기를 하면 쉽게 돈을 벌 수 있다. 그것을 몰라서 안 하는 것이 아니다. 만일 기업의 목표가 단지 이윤추구에만 있다면 부동산투기로 돈을 벌도록 적극 권장해야 할 것이다. 하지만 기업은 사회 안에 있고, 사회 안에 있는 어떤 집단도 사회와 사회의 구성원인 인간의 공동이익에 반하는 일을 해서는 안 되는 것이다.

최근에 부동산실명제가 실시되면서 꽤 곤란한 회사들이 있을 것이다. 그러나 한국유리는 그럴 이유가 하나도 없다. 왜냐하면 한국유리는 비업무용 땅이 한 평도 없기 때문이다.

그러나 꼭 한 번 경영이 부실해진 대원안전유리를 정부에서 인수하라고 요청해서 응한 적이 있다. 그 공장이 부평에 있었는데, 대지가 약 8천 평 정도 되었다. 그런데 나중에 그 지역이 중심가로 변해서 땅값이 엄청나게 뛰어버렸다.

주변에서는 그 공장을 팔고 교외로 나가 공장을 다시 짓자고 건의를 했다. 처음부터 우리 회사가 돈 벌려고 땅을 산 것도 아니고 정부의 권유로 산 땅이니 도덕적으로 지탄받을 일도 아니라는 그들 말에도 일리가 있었다. 나도 그 기회를 이용해 땅을 팔면 큰 이익을 남기고 그렇게 하면 회사경영에도 보탬이 되리라는 걸 모르지 않았다.

하지만 나는 그런 의견에 조금도 갈등하지 않았다. 왜냐하면 나는 땅을 사고 팔아서 이윤을 남기는 것은 나의 기업관과 맞지 않다고 생각했기 때문이다. 그래서 그 공장은 아직도 부평에 있다.

그런 나를 보고 어떤 사람들은 순진하다 하고 어떤 사람은 고집불통이라고도 하지만 나는 전혀 기분 나쁘지 않다. 오히려 나는 내가 더 순진한 사람이었으면 좋겠고, 이런 문제에 대해서만은 더 고집불통이기를 바란다.

왜 유리산업만 고수하는가?

회장님은 왜 유리산업만 고수하십니까?

나를 만나는 사람은 누구나 하는 질문이다. 그 물음은 내가 한 가지 분야만 고집스레 이끌어가고 있는 것이 이해되지 않는다는 뜻이 숨어 있는지도 모른다.

대부분의 기업이 하나의 사업에 성공하면 이것저것 문어발식으로 확장 경영을 하는 것이 당연시되는데 왜 한국유리는 한 가지 사업만 고집하는지 의아해한다. 나도 물론 기업을 키우고 사세를 확장하기 위해서는 최대한 열심히 사업의 영역을 넓히고 계속 새로운 분야로 진출해나가야 한다는 것을 모르는 바는 아니다. 그리고 그런 현상을 무조건 나쁘다고 매도할 수 없는 것도 분명한 사실이다. 기업의 규모가 커지면 작은 회사는 감당하기 어려운 일도 할 수 있고 능률적으로 일할 수도 있기 때문에 그만큼 사회에 기여하는 바

나는 사랑에 빚진 자입니다

도 클 것이다.

그럼에도 불구하고 왜 나는 유리산업 하나만 고집하는가?

우선 나는 여러 가지를 한꺼번에 해낼 능력이 없다. 체질적으로 한 가지 일이 끝나야 다음 일을 시작할 수 있다. 하지만 한번 시작한 일에는 최선을 다해 매진하고 그 분야에 있어서만은 최고이기를 고집한다.

우리 회사도 현재 몇 개의 계열사를 가지고 있다. 하지만 모두 유리와 관련된 회사들이다. 만일 내게 여러 분야의 업종에 진출해서 그 모든 업종을 최고 수준으로 이끌어 올릴 능력이 있다고 생각했다면 아마 그렇게 했을 것이다. 많은 일을 벌이는 것이 중요한 것이 아니라 한 가지 일을 하더라도 그 일을 최고로 잘해내는 것이 중요한 것이다. 한 가지 일을 하더라도 세계를 겨냥해 최고가 되려는 것이 더 중요하다.

한 가지만 늘 생각하고 연구하다 보면 자연히 전문가가 되고 세밀한 부분도 놓치지 않게 된다. 이것이 세계적인 수준의 한국유리를 만든 힘이다. 우리나라 사람이 한 사람씩 한 가지만을 파고들어서 그것을 모두 최고수준으로 끌어 올린다면 국가적으로 볼 때 모든 방면에서 정상에 도달할 수 있다고 생각한다. 요즘 외치고 있는 세계화는 이렇게 이루어가는 게 아닐까.

나는 유리산업을 시작한 이후로 유리만 생각하며 살아왔다. 나는 유리를 가장 잘 만드는 회사를 만들고 싶었고, 한국유리를 세계적인 유리제조회사로 키우고 싶었다. 그리고 어느 정도 그 꿈을 이루었다고 자부한다. 지금 한국유리는 그 규모나 기술수준에 있어 세계의 어느 유리회사보다 세계적인 기업이라고 생각한다.

한 분야의 최고가 된다는 것은 그리 만만한 일이 아니다. 기업들마다 세계일류를 부르짖지만 일류가 된다는 것은 그렇게 간단한 일이 아니다. 최고의 열매를 따기 위해서 집중적으로 한 나무에 매달려서 거름 주고, 가지 치고, 보살펴야 하듯이 일류라는 열매도 마찬가지이다. 그런 희생과 정성 없이 일류라는 열매를 따려고 하는 사람은 어리석거나 뻔뻔스러운 사람이다.

사업을 하려는 후배들에게 나는 이 이야기를 반드시 한다. 이것저것 일을 벌여서 그 모든 분야를 최고수준으로 끌어올릴 자신과 능력이 있다면 넓히는 데 신경을 써라. 그렇게 하는 것도 그다지 나쁘지 않다. 그러나 만일 그럴 자신이 없다면, 일만 벌이고 규모를 넓히는 대신 자기가 가장 잘할 수 있는 한 가지 종목을 택해 혼신의 힘을 다하라.

내가 유리산업만을 고수하는 또 다른 이유는 사업에 대한 나의 기본적인 생각과 관련되어 있다. 나는 사업이 단순한 돈벌이의 수단이 아니라 명분이 있어야 한다고 생각한다. 사업이 아니고 삶에도 나에겐 언제나 명분이 필요했다. 비록 손해를 보더라도 작은 명예를 지키는 것이 더 중요하고 필요하다고 생각했다. 그래서 사업에 뛰어들었을 때도 당연히 명분이 있어야 했다.

오산학교 시절 독립운동을 하러 친구들과 함께 임시정부가 있는 상해로 떠나기로 약속하고 지키지 못한 일은 평생 나를 괴롭히는 기억 중 하나였다.

그래서 사업을 통해 그 지키지 못한 약속을 대신하리라 결심했고 그 결심은 내가 돈 버는 재미에만 빠지려 할 때마다 속물장사꾼이 되지 않도록 경고했다. 그래서 만주에서 사업을 할 때도 여러 경로를 통해 가난한 우리 동포를 도왔고, 또 상해로 가는 사람을 통해 독립운동가들에게 돈을 보내기도 했던 것이다.

유리산업에 뛰어들 때도 나라에 유익한 일을 하고 싶었다. 폐허가 된 우리나라를 복구하고 재건하는 데 가장 필요하고 도움이 될 만한 게 무엇일까를 고심하다가 해변에 널린 모래를 이용해 유리를 만드는 것으로 구체화되었던 것이다.

격동의 세월을 거치면서 터득한 사업수완을 총동원하여 유리산업에 매달려보겠다는 의지로 시작했고, 지금까지 그렇게 해왔다. 어려운 고비도 많았지만 후회는 하지 않았다. 다른 업종으로 전환하라는 권유도 여러 번 받았다. 돈만 버는 것이 목적이었다면 벌써 다른 사업에 손을 대어도 여러 번 대었을 것이다.

고비마다 나를 지켜준 것은 사명감이었다. 사업을 하는 것은 나의 자유이지만 권리가 아니라 사명이라는 인식과, 사람은 다른 사람을 위해 존재하는 것이라는 인식이 나를 지탱해주고 유리의 사람으로 남게 한 것이다.

사람에겐 누구나 자기 몫이 있고 그것을 최고의 수준으로 끌어올리는 것이 중요하다. 한 가지를 하더라도 확실하게 하는 것이 중요한 것이다.

그리고 무슨 일을 하느냐가 아니라 그 일에 어떤 자세로 임하느냐가 중요하다. 자신이 하는 일을 통해 사회와 다른 사람에게 봉사한다는 자세를 가지고 있는 사람은 하는 일의 경중에 상관없이 꼭 필요한 사람이다. 그러나 오로지 자신만을 위해 어떤 일을 하는 사람은 비록 중요한 일을 하고 있다 해도 무가치한 사람일 뿐이다.

바로 이러한 생각들이 나로 하여금 유리산업만을 고집하게 만들었다.

나는 사랑에 빚진 자입니다

사랑과 정직 덕분에

인사가 만사라는 말이 있다. 무슨 일이든 결국은 사람이 하고 사람을 통해 이루어진다는 얘기이다. 이 이치는 정치나 사업 그리고 단순한 교우관계에도 그대로 적용된다. 사람을 잘 쓰면 흥하고, 사람을 잘못 쓰면 망한다. 좋은 친구를 만나면 덕을 보고, 나쁜 사람을 친구로 사귀면 해를 입는다.

오랫동안 경영을 해오면서 사람과 관계를 맺는 일이 얼마나 중요하고 또 어려운 일인지 알게 되었다. 그러다 보니 사람을 대하는 데 있어 내 나름대로의 어떤 원칙 같은 것을 갖게 되었다. 이것은 단순한 인사정책의 문제만은 아니다.

최우선 원칙은 사람은 이익을 위한 수단이나 도구로 보지 말아야 한다는 것이다. 사람은 직업이나 나이나 교육 정도에 관계없이 천하를 주고도 살 수 없는 고귀한 존재이다.

사람을 수단으로 생각하는 사람은 경쟁하고 소유하고 이익만 취하려고 한다. 수단방법을 가리지 않고 딛고 올라가려고만 한다. 그러나 사람을 인격적으로 대한다면 그럴 수가 없다. 사람을 위해서라면 모든 일이 가능하다. 그러나 사람을 이용한다는 의도에서는 어떤 일도 가능할 수 없다.

이것이 가장 큰 원칙이다. 이 원칙에서 사랑과 정직이 나온다. 그리고 사랑과 정직, 이 두 개의 덕목을 통해 신용이라는 열매가 맺힌다. 당신의 인사정책이 무엇이냐고 묻는다면 나는 사랑과 정직, 이두 가지를 드는 것으로 만족하겠다. 이것 말고 더 할 말이 없기 때문이다.

사랑은 최고의 가치이다. 어떤 사람은 사랑만이 유일한 규범이라고 했다. 이 세상에는 많은 규범과 법률이 있지만 그런 것들 위에 있는 것이 사랑이다. 그런 것들의 옳고 그름을 판별하는 유일한 규범이 사랑이라는 말이다.

회사를 경영하다 보면 엇갈린 이해관계 때문에 사원들과 갈등이 생길 때가 있다. 노사관계가 악화되는 것은 상대방을 인격적으로 이해하지 않고 적으로 대하기 때문이다. 그러면 서로의 사이에 벽이 존재하게 된다. 그 벽을 허무는 것이 사랑이다.

사랑의 기운이 느껴지면 갈등은 치유될 수 있다. 사랑은 믿음을 부르고 믿음은 화합으로 이어진다. 노사문제도 결국은 사람관계라는 인식, 사람관계에서 가장 중요한 것이 사랑이라는 인식이 필요하다. 우리 회사는 노사 간에 큰 트러블이 없이 오랜 세월 동안 이어져왔다. 이는 우리 회사 내에 자연스럽게 형성되어 있는 사랑의 기운이 마음을 움직인 결과라고 생각한다.

사랑은 사람을 사람 자체로 대하는 정신이다. 사람을 수단이나 도구가 아니라 목표요, 인격으로 대하는 정신이다. 그 정신이 느껴지기만 하면 어떤 문제라도 풀리게 되어 있다.

우리 회사 사훈의 제일 첫 번째는 인화단결이다. 이것은 사랑으로 인화해야 한다는 나의 생각을 반영한 것이다.

나는 한국유리를 두 명의 동업자와 같이 시작했다. 이봉수와 김치복이 그 친구들이다. 형제도 동업을 하면 분쟁이 생긴다고 하지만 우리의 동업관계는 지금 이 순간까지 한 번의 마찰도 없이 잘 이어져 오고 있다. 그리고 그 아름다운 관계가 다음 세대에까지 이어지고 있으니 얼마나 복되고 즐거운 일인지 모르겠다.

아마도 그럴 수 있었던 것은 우리들 상호간에 사랑의 마음이 있었기 때문이리라. 서로를 위하고 먼저 배려하고, 더불어 나누려고 하는 마음이 신뢰로 연결되면서 오늘까지 동업관계를 유지시켜 온 것이다.

사람관계에서 중요한 두 번째 원칙은 정직과 성실이다. 이것은 우리 회사 사훈의 두 번째 항목이기도 하다.

나는 일을 맡길 때 정직과 성실을 가장 큰 비중으로 고려한다. 능력이나 기술보다 더 중요하게 본다. 물론 능력도 중요하지만 정직보다 더 중요할 수는 없다. 능력이 있어도 정직하지 않으면 신뢰를 얻을 수 없기 때문이다.

옛말에 재승덕박이라고 했다. 재주가 중요하나 덕을 갖추지 않으면 무용지물이라는 것이다. 이런 덕 중에 가장 맨 앞에 오는 것이 진실이고 정직이다.

사업을 수완으로 생각하는 사람들이 종종 있는데, 사실은 그렇지가 않다. 사업이야말로 정직과 성실로 쌓아올려야 하는 덕의 탑이다. 수완만으로 사업을 하는 사람은 당장은 성공할지 모르나 지속적으로 그 성공을 유지하기가 어렵다. 그렇기 때문에 정말로 훌륭한 사업가는 다른 사람으로부터 존경을 받아야 한다.

만일 사업장에서 일하는 사람들이 성실하고 정직하게 일한다면 생산품의 품질이 좋아질 것이고, 그러면 소비자에게도 이익이고, 또 그 때문에 제품의 판매가 늘어날 것이기 때문에 결과적으로는 기업에도 이익이 된다.

우리나라 수출품 가운데 불량품이 많이 나오는 것은 기술이 없어서가 아니라 성실하지 않기 때문이다. 재주가 모자라서가 아니라 정직하지 못해서 손해를 자초한 것이다.

나의 큰아들은 육십이 가까워서야 한국유리의 부회장직을 맡게 되었다.

나는 내 아들에게 어떤 특혜도 주지 않으려고 노력했다. 그래서 큰아들은 다른 사원들과 똑같이 평사원으로부터 시작해서 각 단계를 똑같이 밟으면서 올라왔다. 임원이 되어서도 마찬가지였다. 회장 아들이라고 해서 제도와 단계를 무시하고 마음대로 진급하는 것은 옳은 일이 아니다.

그런 식의 특혜를 누리면서 올라온 자가 정직과 성실의 덕을 갖

나는 사랑에 빚진 자입니다

춘 훌륭한 경영자가 되리라고 기대할 수 없다. 나는 내 아들이 재승덕박의 경영자가 되기를 원치 않았고, 정직과 성실이 몸에 배기를 바랐던 것이다.

이런 기본적인 덕목들은 기업이 나의 소유물이 아니라 위탁된 것이라는 청지기 정신과도 연결된다. 내 것이 아니기 때문에 내 욕심대로 할 수 없다. 사사로운 욕심보다는 이웃에게 도움을 주는 방향으로 마음의 자세를 잡아야 한다. 그러기 위해서는 봉사와 희생 정신이 필요하다.

기업은 내 것이 아니라 맡아 관리하는 것이기 때문에 성실히 하지 않으면 안 된다. 언제 진짜 주인이 올지 모르기 때문에 정직해야 한다. 비단 기업을 하는 사람의 이야기만은 아니다. 우리는 모두 이 세상에서 청지기로 살고 있는 것이다. 주인이 우리에게 요구하는 것은 사랑과 성실이다. 사랑이 가장 큰 덕이라고 해도 맡은 자가 구할 것은 성실이라고 했다.

잘 버는 것보다
잘 쓰는 게 중요한 돈

만주에서 시작한 동화공장과 삼흥상회, 그리고 전쟁 중의 군수산업에서 한국유리까지의 성공을 보면서 대단하지는 않지만 나에게 어느 정도의 사업적 재능이 있다고 생각한다.

어려운 일도 많았지만 어쨌거나 한평생을 사업가로 살아온 걸 보면 보통 사람보다는 돈을 잘 번다고 할 수 있다. 그런데 남들보다 돈을 잘 버는 재주는 있는지 모르겠지만 돈을 잘 쓰는 재주는 별로 없는 것 같다.

우리 딸들은 나더러 지독하게 재미없는 사람이라고 하는데 아마도 사실일 것이다. 영화를 보러 다니는 취미도 없고 골동품이나 미술품 같은 걸 수집하는 취미도 없다. 기업가들에겐 필수라는 그 흔한 골프도 할 줄 모른다. 그러니 돈을 쓸 일이 없다.

언젠가 주변의 권유에 못 이겨 골프장에 한번 가본 적이 있다. 건

나는 사랑에 빚진 자입니다

강도 생각하고, 사업도 생각하고, 사교도 생각해서 골프를 배우라는 주변 사람들의 성화를 못 이겨서다. 그리고는 그때 한 번뿐이었다. 더 이상 가지 않았다. 허리도 안 좋았고 나에게는 어쩐지 적당한 운동 같지가 않아서였다.

사업을 하자면 골프 정도는 기본적으로 할 줄 알아야 한다고 생각하는 사람들이 의외로 많은데 꼭 그런 것만은 아니다. 골프를 치는 것이 나쁘다는 뜻이 아니다. 골프를 치고 싶은 사람은 하는 것이지만 하고 싶지 않은 사람까지 모두 골프를 해야 한다고 생각하지 않는다. 사업의 성공, 건강, 사교를 위해 반드시 골프를 쳐야 한다는 생각이 옳지 않다는 것이다. 나는 골프를 치지 않고도 그런 대로 성공적으로 사업을 이끌어왔다. 그리고 골프를 치지 않았지만 비교적 건강한 편이다. 여든여섯 살을 넘긴 노인의 몸이 이만하면 건강한 편 아닌가.

사교를 위해서 골프를 쳐야 한다는 말도 옳지 않다. 골프장에 출입하지 않지만 나는 골프장을 부지런히 출입하는 그 어떤 사람보다 사람을 잘 사귀고 있다. 사람관계는 진실과 신뢰를 통해 이루어지는 것이지 풀밭에서 함께 공을 친다고 저절로 이루어지는 것은 아니기 때문이다.

사정이 이렇다 보니 나는 돈 쓸 일이 없다. 우리 집사람도 돈 쓸 일 없기는 매한가지다. 아니 오히려 나보다 한 술 더 뜬다. 금반지 하나 사달랠 줄 모르고, 보석으로 된 귀걸이나 목걸이 같은 것도 하나 없다. 그래서 우리 집에 와 본 사람은 명색이 회장이라는 사람의

청지기經營… 사랑·봉사 실현

유리생산 35년… 세계10大 성장

몸에 밴 儉約 "하나님財産 관리"

손해나도 약속은 꼭지켜 두터운 信用

국산車 즐겨타고 골프채 잡은적 없어

철저한 신용으로 순؟기틀·育英사업에도 남다른 애착가져

투명한 경영과 사랑의 봉사 실천에 관한 기사들

집이 왜 이렇게 별 볼일 없느냐고 놀란다. 도대체 값나갈 만한 것이 눈에 띄지 않는다는 것이다.

나는 지난해까지 우리 집에 한 달에 1백만 원 이상의 생활비를 줘본 적이 없다. 돈은 많다고 좋은 것이 아니라 의미 있게 사용하는 것이 좋은 것이기 때문이다.

아주 오래전에 대학교에 입학한 큰딸이 명동의 유명한 양품점에서 당시 유행하는 코트를 비싸게 맞추고 온 적이 있다. 나는 되도록 자식들의 생각을 존중하고 이해하며 키워왔지만 그때만은 딸아이에게 타이르는 소리를 했다.

"비싼 것도 문제지만 수입 옷감이라는 게 더 문제구나. 국산 옷감도 좋은 것이 있을 텐데 말이다. 이번에는 찾으러 가겠다고 약속을 했으니 찾아 가지고 와라. 하지만 입지는 않았으면 좋겠다."

큰딸은 아마 그때 그런 내 말과 태도가 이해되지 않고 원망스러웠을지도 모를 텐데 내 뜻을 따라주었고 다시 그와 같은 일을 행하지 않았다.

나는 의미 있고 가치 있게 돈을 쓰고 싶다. 그렇게 쓰기 위해 돈을 벌었건만 아직도 돈을 잘 쓰는 데는 서투르다. 그래서 내가 돈을 잘 쓰도록 도와줄 사람이 필요하다.

내 주변에는 그런 사람들이 여럿 있는데 그중의 한 사람이 최병문 원장이다. 최 원장은 정신장애자를 위한 우성원이라는 특수교육기관과 농아들의 입을 터주기 위한 한국구화학교를 오랫동안 사명처럼 운영해오고 있다.

내가 그를 만난 것은 해방 후 두 해를 지나서였다. 당시 그는 마포구 구수동에 판잣집을 짓고 양계장을 하면서 농아들에게 말을 가르치고 있었다. 그는 농아들도 서너 살 때부터 말을 배우면 정상인과 같이 말을 할 수 있다는 신념을 가지고 그 아이들을 정상인처럼 아끼고 사랑하며 돌봤다.

최 원장과 처음 만났을 당시에 1층은 양계장으로 쓰고, 얼기설기 판자로 버틴 2층은 농아들을 위한 학교로 쓰고 있었다. 그때 닭이 병으로 모조리 떼죽음을 당해 경제적으로 어려움을 겪고 있던 터라, 우리 부부는 간장, 된장 등을 날라다주면서 최 원장을 돕기 시작했다. 그것이 인연이 되어 최병문 원장과 우리 부부는 지금까지 지속적인 관계를 맺어오고 있다.

내가 생각하기에 그 사람이야말로 돈을 제대로 쓸 줄 아는 사람이었다. 나에게는 마침 그런 사람이 필요했기 때문에 나는 그를 붙잡았고 그날 이후로 그를 놓치지 않았다.

현재도 나는 고덕동에 있는 우성원의 일을 최선을 다해 도와주고 있다. 책임 소재를 분명히 하기 위해 설립초기인 1962년부터 최근까지 거의 30년 넘게 아내를 우성원의 이사장으로 재직시켰다. 지금 현재 우성원과 한국구화학교에는 정신장애자와 자폐아들이 1백9명, 농아들이 1백6명 머물면서 최 원장의 헌신과 사랑의 교육을 받고 있다.

또 한 번 돈을 잘 쓸 수 있는 있었던 것은 크리스찬아카데미와의 만남이다. 외국에서 돌아온 강원용 목사는 화해와 평화의 정신을

나는 사랑에 빚진 자입니다

구현하는 대화의 장을 위해 크리스찬아카데미 설립을 하려고 애를 썼으나 마땅한 후원자를 찾지 못하고 있었다. 사무실을 낼 수 있는 땅만 있으면 외국의 재단으로부터 원조를 받을 수 있기 때문에 운영은 충분히 할 수 있는데, 그런 땅을 구할 수 없다는 것이었다.

그런데 마침 나에게 우이동 골짜기에 3, 4천 평 정도의 땅이 있었다. 그것은 어떤 사람으로부터 물건값 대신 땅으로 받은 것이었는데, 불필요한 부동산은 가지지 않는다는 내 신조에 어긋나는 땅인지라 마음속에 짐처럼 여기고 있던 참이었다. 그러던 차에 크리스찬아카데미의 후원자를 구한다는 소식을 듣게 된 것이다.

우리 사회에 화해와 일체감을 불러일으키기 위해 크리스찬아카데미를 세우려는 강원용 목사의 뜻에 동감했다. 그 땅을 내가 가지고 있는 것은 이 일을 돕게 하려는 하나님의 계획인지도 모른다는 생각이 들었다. 나는 곧 공동소유자로 있는 친구를 설득해서 그로부터 그 땅을 산 뒤 크리스찬아카데미를 세우는 장소로 내놓았다. 그 뒤 이사장을 오랫동안 맡아오면서 내 힘이 필요하다면 기꺼이 보탬이 되려고 했다.

유익하고 뜻있는 일에 내가 작은 힘이라도 보탬이 되고 있다는 사실을 확인하는 것만큼 즐거운 일도 없다. 돈을 잘 쓸 줄 아는 최병문 원장이나 강원용 목사 같은 이를 만나지 못했더라면 나는 돈을 잘 쓰는 즐거움을 영원히 몰랐을지 모른다. 그래서 그들은 나에게 고맙다고 하지만 사실은 내가 그들에게 더 고맙다.

돈은 잘 버는 것보다 잘 쓰는 것이 훨씬 중요하다. 돈은 그 쓰임

새에 따라 선해지기도 하고, 악해지기도 하는 것이다. 같은 물이라도 젖소가 먹으면 우유를 만들고 독사가 먹으면 독을 만드는 이치와 같다. 물 자체가 문제가 아니라 그 물을 가지고 무엇을 만들어내느냐가 중요하다. 우리는 돈을 가지고 우유를 만드는 데 쓸 수도 있고 독을 만드는 데 쓸 수도 있다.

사람들은 어떻게 하면 돈을 잘 벌 수 있을까만 생각한다. 하지만 돈은 버는 것보다 잘 쓰는 것이 중요하다는 것을 반드시 기억해야 한다.

돈을 잘 쓰기 위해서는 돈을 잘 관리할 줄 아는 지혜도 필요하다. 그래야만 다른 사람이 도움을 필요로 할 때 기꺼이 도와줄 수 있다. 내 욕심대로 하고 싶은 것을 다 하면서 남는 돈으로 누군가를 도와주기란 쉽지 않다. 오히려 자신을 위해 쓰면 쓸수록 더 모자라는 것이 돈이다. 자신이 돈을 잘 쓸 줄 모르는 사람이라면 잘 쓸 수 있는 사람을 만날 때까지 절제하는 것이 좋다.

돈을 잘 버는 사람도 필요하지만, 돈을 잘 쓸 수 있는 사람은 더 필요하다.

사랑의 빛을 갚아야 한다

먹고살기가 좋아졌다고는 하지만, 지금도 지구촌 곳곳에는 굶주림으로 고통당하는 사람들이 많이 있다. 쾡하니 들어간 눈과 앙상한 다리를 한 채 더 이상 나오지 않는 축 처진 어미의 젖을 힘없이 빨고 있는 아프리카 어린이의 사진은 어제의 일만이 아니라 오늘의 모습이기도 하다.

통계에 의하면 1분에 24명, 한 시간에 1천1백 명, 하루에 3만 5천 명이 굶주림으로 죽어간다고 한다. 이런 계산이면 1년에 1천3백만 명에 이른다. 1년에 서울 인구만 한 사람들이 먹을 것이 없어서 죽어간다는 것은 참으로 놀라운 일이다.

지난 5년 동안 굶주림으로 죽어간 사람의 숫자가 지난 1백50년에 걸쳐 지구상에서 일어난 모든 전쟁과 유혈혁명 등으로 목숨을 잃은 사람의 숫자를 웃돌고 있다.

또한 개발도상지역 인구의 약 4분의 1에 해당하는 4억 5천만 명이 영양실조로 고통을 겪고 있다는 통계도 있다. 질병과 영양부족으로 만신창이가 된 아프리카 지역의 어린이 가운데 3분의 1가량은 다섯 살이 채 되기도 전에 죽어가며, 혹 살아남는다 해도 대다수가 생후 6개월부터 2년 사이의 중요한 성장 시기에 심각한 영양결핍으로 신체적 발육이 부진할 뿐만 아니라 정신적 손상까지 입고 있다고 한다.

내가 이렇게 장황하게 통계들을 늘어놓는 것은 그렇듯 어이없게 희생되는 생명들 또한 우리와 같이 하나님의 형상을 받고 태어난 동일한 인간이며, 따라서 우리는 지구촌 시대를 함께 살아가는 같은 인간으로서 결코 이 문제를 피해갈 수 없다는 사실을 상기시키기 위함이다.

바로 그러한 이들의 고통에 동참하고자 '세계의 굶주린 사람들에게 식량과 사랑을'이라는 표어를 내세우고 국제기아대책기구가 설립된 것은 1971년이다. 국제기아대책기구는 국제연합의 공식기구로서 현재 스위스에 본부를 두고 전 세계에 사랑의 손길을 펴고 있다. 이 기구에서는 구체적으로 아시아와 아프리카 등지에 식량을 제공하고, 취사도구를 보급하며, 아동의 급식을 원조하고, 학교교육을 지원하며, 가족계획을 지도하고, 의료활동을 펴고, 농축산 사업을 지도하는 등 각종 개발사업을 하고 있다.

우리나라도 1989년 10월에 한국국제기아대책기구가 설립되어 활발한 활동을 전개하고 있다. 이 기구를 처음 우리나라에 소개한 것은 새순교회 윤남중 목사이다. 윤 목사는 6, 7년 전부터 친구로부터 이 사역을 하도록 권유를 받았으나 한국에서 지구촌의 굶주린 사람들의 구호와 개발사역이 가능할까 하고 주저하고 있던 차에 1989년 6월 마닐라의 로잔선교대회(Lausanne II Congress)에 참석, 국제기아대책기구 총재 야마모리 박사의 강한 도전을 받고 돌아왔다. 우리나라도 이 기구에 동참하는 것이 어떨지를 의논하려고 나를 찾아 왔었다.

처음에는 망설임도 있었지만 우리가 6·26전쟁으로 인해 헐벗고, 굶주리고 고통 받을 때 우리를 도와주고 양육해주었던 외국의 여러 손길들을 떠올렸다. 이제는 우리가 국제적인 고아들을 도와주어야 할 때라는 생각에 이르자, 힘껏 해보기로 결심하고 그 일에 뛰어들었다. 내가 앞장서겠다는 의지를 보이자 돕는 손길들이 뒤따랐다.

시작할 당시에 잘 될까 걱정했던 일이 부끄러울 정도로 잘 운영되어 이제는 국제연합(UN)에서도 우등국가로 대접을 받을 정도이다. 현재 돕는 인원이 8만 5천 명이나 되는데 이 중 30퍼센트의 사람들이 이름 없이 돕고 있다. 모금되는 액수는 연간 50억 정도로 이 중 20퍼센트는 국제연합(UN)으로 송금해, 세계의 어려움 당하는 사람들을 위해 쓰고 있다. 나머지 30퍼센트는 국내의 불우이웃을 돕기 위해 보건사회부와 의논해 사용하고 있다.

우리 국민들이 다른 나라의 굶주리는 자들에게 보이는 관심과 배려는 인간으로서의 당연한 의무라고 생각할 수도 있지만 사랑의 실천이라는 측면에서 귀한 일이며 뜻을 함께해주는 이들에게 감사하고 있다.

기독교 정신을 한마디로 말하자면 나는 사랑이라고 생각한다. 예수님의 능력과 힘은 물리적인 힘이나 권력이 아니었다. 그 힘의 원동력은 그가 베푼 큰 사랑에서 나왔다. 그래서 기독교가 사회에 의미를 주기 위해서는 크고 강한 사랑을 실천해야 할 것이다.

《성경》은 사랑이 없으면 천하를 가지고 있어도 아무것도 아니라고 했다. 보이는 이웃을 사랑하지 않으면서 보이지 않는 하나님을 사랑한다고 하는 것은 거짓이라고도 말한다. 그런 하나님의 형상을 받고 태어난 사람이 굶주림 때문에 죽는다는 것은 인간 존엄성의 기초가 흔들리는 일이다.

내가 우리나라의 국제기아대책기구 책임자로 일하게 된 것은 평소의 그런 생각이 구체화된 결과였다. 돌이켜보면 불과 몇십 년 전에 우리나라도 먹을 것과 입을 것이 없어서 고통당했었다. 6 · 25전쟁 중에 음식과 약이 없어서 죽어간 생명이 얼마나 많았는가. 지금은 다행히 기아로부터 해방된 시대를 살고 있지만 아직도 우리 주변에는 충분히 먹지 못하는 이웃도 있다. 사회 전체적으로는 영양과잉이 문제라는 말도 나오는데 말이다. 요즘의 어린이들은 우리가 불과 한 세기 전에 먹을 것이 없어서 소나무껍질을 벗겨 먹으며 허기를 달랬다는 사실을 이해하지 못할 것이다.

전쟁을 겪은 세대는 굶주림의 고통이 얼마나 심각하며, 사람의 존엄성에 위해를 가하는지 알고 있다. 실제로 먹을 것이 없어서 죽기도 했기 때문이다. 그때의 우리와 지금 지구의 어느 구석진 곳에서 굶어 죽어가고 있는 사람은 똑같이 고귀한 생명이다.

나는 사랑에 빚진 자입니다

이웃에게 실천하는 장로님을 인터뷰한 신문기사

기독교 정신을 한마디로 말하자면 나는 사랑이라고 생각한다.

예수님의 능력과 힘은 물리적인 힘이나 권력이 아니었다.

그 힘의 원동력은 그가 베푼 큰 사랑에서 나왔다.

그래서 기독교가 사회에 의미를 주기 위해서는

크고 강한 사랑을 실천해야 할 것이다.

우리가 고통당할 때 미국을 비롯한 세계 우방 국가들로부터 많은 도움을 받았다. 우리가 그들과 똑같이 고귀한 생명을 가졌기 때문이었다. 우리는 사랑의 빚을 지고 있는 민족이다. 그러니 이제는 우리가 그 빚을 갚아야 한다.

우리는 이제 한때 우리가 그랬던 것처럼 누군가의 도움이 없이는 일어설 수도, 살아남을 수도 없는 절박한 상황에 빠져 있는 사람들에게 사랑을 베풀어야 한다. 그것이 우리가 받은 사랑의 빚을 갚는 방법이다.

예수님께서는 먹지 못해 굶주린 많은 무리를 보시고, 제자들에게 먹을 것을 주라고 하셨다. 굶주린 자를 돕는 것은 예수님의 명령이기도 하다. 예수님은 오직 우리가 사랑하기를 원하신다.

사랑은 그분이 이 세상에 오신 목적이고, 교회를 만드신 목적이다. 이 풍요의 시대에도 식량이 없어서 굶주리는 사람들이 있다. 우리가 우리에게 허락된 풍요를 즐기는 것은 나무랄 일이 아니지만, 지구의 한구석 어디에선가 생존이 당장의 절실한 문제인 사람들이 고통 받고 있다는 사실을 외면해서는 안 될 것이다.

쓰러져 일어나지 못하고 있는 사람에게는 건강한 사람이 내미는 손이 커다란 힘이 된다. 우리가 손을 내밀 수 있다는 것은 건강하다는 증거이다. 우리가 누군가를 돕는다는 것은 그만큼 부유하다는 증거이다.

사실 가진 것이 많은 사람이라고 다 남을 돕는 것이 아니다. 가진 것이 많은 사람이 많이 돕고, 가진 것이 적은 사람이 적게 돕는

나는 사랑에 빚진 자입니다

것도 아니다. 아무리 가진 것이 많다고 해도 그 마음이 닫혀 있으면 자기 것을 내놓을 줄 모른다. 반대로 비록 가진 것이 얼마 되지 않는다 하더라도 그 마음속에 사랑이 용솟음치고 있다면 불쌍한 사람을 그냥 지나치지 못할 것이다.

내가 나가는 교회 앞에는 한때 구걸을 하는 사람이 늘 정문 앞에 서 있었는데, 유치원에 다니는 어린아이가 자기 용돈을 아껴서 그 사람을 돕는 것을 보았다.

그 아이가 부유해서일까? 아니다. 그렇지 않다. 부유하기 때문에 남을 도울 수 있는 것이 아니라 남을 돕기 때문에 부유한 사람이 되는 것이다. 아무리 가진 것이 많아도 남을 돕지 않는 사람은 가난한 사람이다. 그러나 비록 가진 것이 얼마 되지 않는다고 해도 남을 도울 줄 아는 사람, 그가 바로 참부자이다.

교육이 가장 큰 자산이다

사람들은 사업가인 내가 여러 교육기관에 관여하고 있는 사실에 대해 의아하게 생각하는 것 같다. 그래서 가끔 어떻게 그렇게 많은 대학과 중고등학교의 이사직을 겸할 수 있느냐는 질문을 받곤 한다. 경희대학, 한신대학, 상명여대, 오산중고등학교와 신일중고등학교 등이 내가 관여해 온 학교이다. 집사람도 오랫동안 숭의여전 이사장 직을 맡기도 했다.

내가 이렇게 여러 학교에 관여하고 있는 것은 특별한 이유가 있어서가 아니다. 그저 한 나라와 사회를 바로 세우기 위해서는 교육이 가장 중요하다는 생각을 일찍부터 마음속에 품어왔고, 그것을 위해 무엇인가 해야 하지 않겠느냐는 생각이 나를 여기까지 밀어붙인 것이다.

내가 교육에 대해 이렇게 특별한 생각하게 된 것은 순전히 나의 경험에 의한 것이다. 나는 오산학교에서 공부한 것을 빼고 나의 인생을 이야기할 수 없을 정도로 오산에서의 교육에 크나큰 영향을 받았다. 만일 내가 오산학교에서 공부하지 않았다면 모르긴 해도 지금의 내가 되어 있지는 않을 것이다.

교육은 한 사람의 인생을 결정할 만큼 그 위력이 대단하다. 사람은 교육을 통해 올바른 인격과 가치관을 형성한다. 개인의 가능성은 무한한데 그 가능성을 현실로 전환해줄 수 있는 것은 교육밖에 없다고 생각한다.

그래서 우리나라의 남다른 교육열은, 부차적인 부작용에도 불구하고 얼마나 다행스러운 일인지 모른다. 부존자원이 없는 우리나라가 이만한 성장을 이룩할 수 있었던 것은 순전히 교육열 때문이었다고 나는 생각한다. 교육열이야말로 우리나라가 내세울 수 있는 가장 큰 자원이다.

따라서 교육에 대한 투자는 더 많이 해야 한다. 특히 기업이 교육에 투자하는 것은 당연한 사회적 도리라고 생각한다. 왜냐하면 사회를 건강하게 만드는 데 있어 교육은 필수적이며, 기업의 경쟁력은 교육받은 우수한 인력의 양성을 통해 이루어질 수 있기 때문이다. 그러니까 교육에 대한 기업의 참여는 미래를 위한 일종의 투자인 셈이며, 그 열매를 거두는 것은 바로 우리 기업이고 우리 사회이다.

그런 뜻을 가지고 나는 예전부터 힘닿는 대로 가난한 학생들에게 장학금을 지급해왔다. 그러다가 1984년에는 한국유리 계열회사까지 뜻을 합쳐, 50억의 기금을 마련하여 한국유리육영회를 설립했다. 육영회는 지금까지 약 10년 동안 20억 원 정도를 장학금과 연구활동

비로 지급했으며 앞으로 사업규모를 점차 확대시킬 예정이다.

이것이 내가 사업가로서 사회와 교육을 지원할 수 있는 가장 효과적인 방법이라고 생각한다. 나는 이런 물질적 지원이 우리나라 교육의 질을 높이는 데 도움이 되기를 바란다. 교육은 단순한 지식의 습득이나 기술 전수의 도구가 아니라 아이들에게 바른 세계관과 가치관을 심어주고 인격의 틀을 만들어주는 일이다. 내가 오산학교에서 배운 것이 바로 그것이었다.

이러한 교육의 결과는 어릴수록 더 효과적이라고 생각하던 차에 나는 어린이 교육에 관심을 갖게 되었다.

인격의 기초가 놓이는 시기는 바로 유년기 때문이다. 유년기 아이들에게 사람됨의 가치를 1년 가르치는 것은, 성인들에게 10년 가르치는 것보다 훨씬 더 효과적이다. 왜냐하면 성인의 머리와 마음은 이미 굳어버려 새로운 그림을 그려 넣기에 어렵지만, 아이들의 머리와 마음은 아직 아무 그림도 그려지지 않은 백지 상태로 어떤 그림이든 그려 넣을 수 있기 때문이다.

나는 이러한 생각들을 통하여 정신장애자들을 위한 기관을 건립하기로 마음먹었다. 그런데 문제가 생겼다. 지역 주민들이 들고 일어난 것이다. 정말 가슴 아픈 일이었지만 일단 그 시설은 다른 곳을 찾아보기로 하고, 그 자리에 먼저 유치원을 세웠다. 그것이 1980년이다.

기독교 교육학을 전공한 큰딸을 권유해 그 유치원 운영을 맡기고 나는 재정적인 지원만 담당하고 있다. 그곳이 화곡동에 있는 문성유

나는 사랑에 빚진 자입니다

치원인데, 여러 면에서 모범적이고 이상적으로 운영하고 있다는 소식을 듣는다. 그 이후 가락동에 시연유치원을 세워 똑같이 운영을 돕고 있다.

얼마 전에는 내 호를 따서 청삼아동문제연구소라는 법인을 만들었다. 이곳은 유아교육을 전공하는 교수들에게 연구비를 지원해서 유아교육의 이론과 프로그램을 계발하고 아동에 대한 여러 가지 문제를 연구하는 곳이다.

유아교육만을 위한 전문연구소로는 우리나라에서 처음이라고 한다. 그 성과물들인 연구지가 벌써 10집까지 발행되었다.

그것들이 우리의 아동들을 교육하는 데 유익하게 선용되고 있다는 생각을 하면 정말 기분이 좋다. 앞으로도 교육, 특히 유아교육에 대한 관심을 증대시켜나갈 생각이다.

나는 독립운동도 하지 못했고, 누구를 위해 내 목숨을 희생해보지도 못했다. 그것이 늘 마음속에 아쉬움으로 남아 우리 사회의 틀을 세우는 데 조금이나마 보탬이 되고자 하는 바람에서 하나님이 내게 맡겨주신 돈 가운데 얼마를 바치는 것뿐이다.

우리나라의 가장 큰 자원은 교육이다. 교육에 대한 남다른 관심이 세계 속에 우리나라를 우뚝 세웠다. 우리의 남다른 교육열은 이제 아이들에게 올바른 가치관과 세계관을 심어주고 건전한 사회인으로서 더불어 사는 법을 가르치는 인성교육 쪽으로 방향을 틀 때가 되었다. 사회의 틀을 튼튼하게 만드는 것은 교육 말고는 없기 때문이다.

신용보다 더 큰 재산은 없다

내가 60여 년이 넘게 사업을 하면서 생명처럼 아끼고 지켜온 것이 있다면 그것은 바로 신용이다. 신용은 이 세상을 사는 데 있어 가장 큰 재산이다. 이 사실은 모든 사람에게 다 적용되는 얘기겠지만, 특별히 사업을 하는 사람에게는 더욱 중요하다고 생각한다.

사업을 한다는 것은 거래를 한다는 것이다. 고도화되고 선진화된 사회일수록 거래는 신용으로 이루어진다. 현대사회는 신용사회라고 한다. 신용사회에서 가장 큰 재산은 당연히 신용일 수밖에 없다. 신용이란 또 명예이다. 이름을 지키는 것이다. 자기 이름의 값을 잘 알고 있는 사람은 신용 없는 말이나 행동을 할 수가 없다.

그런데 우리는 너무 자기의 신용을 가볍게 생각하는 경향이 있다. 그것은 자기 이름의 값을 소홀히 생각하기 때문이다. 이름은 한 번 더럽혀지면 여간해서는 깨끗해지기가 어렵다. 신용 없는 사람의 말은 콩으로 메주를 쑨다고 해도 일단 의심하고 본다. 반대로 한번

160   나는 사랑에 빚진 자입니다

신용을 얻고 나면 팥으로 메주를 쑨다고 해도 믿어준다. 그 사람이 팥으로 메주를 쑨다는 말을 할 리가 없다고 믿기 때문이다.

그 신용은 어디서 생겨나는가? 정직에서부터이다. 그리고 무슨 일이 있더라도 한번 한 약속은 반드시 지켜야 한다는 의지에서이다. 그러면 저절로 신용이 생긴다. 내가 사람을 평가할 때 그 기준을 정직에 두는 이유도 거기에 있다.

나는 약속을 할 때는 신중하지만, 한번 한 약속은 아무리 사소한 것이라고 해도 지키려고 한다. 왜 약속을 지켜야 하는가? 약속은 그야말로 지키려고 하는 것이기 때문이다.

언젠가 한국국제기아대책기구 모임에 참석해야 하는데 몸이 너무 좋지 않아 움직일 수가 없었다. 의사는 쉬기를 권했다. 주변에서도 전화해서 참석하지 못한다고 알리라고 권했지만 그럴 수는 없는 일이었다. 그 대신 모인 사람들의 양해를 구하고 조금 일찍 일어났다. 그렇게라도 하니 마음이 한결 가벼워졌다.

모임의 규모나 성격에 상관없이 약속은 소중한 것이다. 어른과 한 약속도 중요하고, 어린아이와 한 약속도 똑같이 소중하다. 이익이 되는 약속은 지켜야 하지만, 손해가 되는 약속도 마찬가지로 지켜야 한다.

약속을 지키기 위해서는 눈앞의 이익에 연연하지 않아야 한다. 그러면 신용은 저절로 생겨나게 된다.

나는 지금까지 기업을 이끌어오는 동안 그런 경험을 많이 했다.

만주에서 삼흥상회를 경영할 때의 콩 사건이 그 대표적인 경우이다. 위약하면 돌아올 엄청난 이익을 포기하고 중국인과의 계약을 이행하자 주변 사람은 물론 당사자인 중국 상인까지도 크게 놀랐다.

그리고 이 사실은 만주를 무대로 사업을 하는 사람들에게 빠른 속도로 퍼져나갔다. 중국상공인회에서는 삼흥상회의 최태섭 사장과 거래할 것을 권유하는 공문을 회원들에게 발송하기까지 했다. 그 결과 나는 내가 포기한 것보다 훨씬 많은 이익을 올릴 수 있었다.

6·25전쟁 중에도 그런 경험을 했다. 피난을 가는 아수라장 속에서 은행을 찾아가 혼자 남아 잔무를 처리하고 있는 직원에게 대출금을 상환한 적이 있는데, 그 일은 만주에서와 마찬가지로 나의 신용을 확실하게 보증해주는 사건이 되었다. 정직하게 약속을 지키는 일의 중요성, 그렇게 해서 쌓아올린 신용의 위력이 얼마나 큰지를 실감하게 만드는 사건이었다.

기업을 하는 사람에게 있어 지켜야 할 신용은 두 가지라고 생각한다. 하나는 대외적인 신용이고, 또 하나는 대내적인 신용이다. 이 중 대내적인 신용이 우선되어야 할 것이다.

요즘 고객만족을 목표로 많은 기업들이 열심히 뛰고 있다. 그러나 나는 고객만족에 앞서 함께 일하는 근로자만족이 이루어질 때 진정한 의미가 있다고 생각한다.

만주에서의 이씨 사건이 있은 뒤, 나는 함께 일하는 사람과의 신뢰에 대해 큰 교훈을 얻었다. 그 교훈을 바탕으로 나는 한국유리 근로자들이 우리 회사를 믿고 일할 수 있도록 하기 위해 기업을 공개

　　　　　나는 사랑에 빚진 자입니다

했다. 회사의 사정을 감추기보다는 모두에게 알리는 것이 옳다고 생각했기 때문이다.

한국유리는 다른 회사보다 비교적 일찍 노조를 설립했다. 나는 되도록 노조를 강압적으로 대하거나 노조위원장에게 압력을 가하지 않으려고 노력했다. 그 대신 노조위원장이 바뀔 때마다 함께 만나 회사의 현재 사정을 솔직히 말하고 협조를 구했다. 그러자 노조는 회사를 이해하고 믿고 따르기 시작했다.

1970년대 초 한국유리는 동성유리의 등장으로 많은 어려움을 겪었다. 경쟁의 출혈이 너무 커서 문을 닫아야 할 지경까지 이르렀다. 그때 한국유리가 중간에 포기하지 않고 끝까지 버틸 수 있었던 것은 오래 시간 함께해온 한국유리 직원들의 신뢰의 끈 때문이었다. 직원들은 우리를 믿고 그들의 월급을 반납하며 회사를 일으키려 했고, 우리 경영진들은 그들의 그런 신뢰와 지지를 바탕으로 다시 일어섰다. 결국 우리는 고통을 이겨냄으로써 더 많은 일들을 해낼 수 있었다.

회사는 그러한 대내적인 신뢰와 함께 대외적인 신용을 얻어야만 발전할 수 있다.

또 사업을 하는 사람에게 은행과의 관계는 매우 중요하다. 어떤 악조건 속에서도 약속을 지키는 사람은 은행거래가 한결 쉽다. 나는 거래하는 은행의 책임자가 바뀌거나 새로 온 사람이 까다롭게 굴 때면 전임자에게 내 신용 상태를 확인해보라고 자신 있게 말한다. 외국에 나가 돈을 바꿔올 때도 마찬가지이다. 나는 그 신용 때문에 어디서나 당당할 수 있다.

부산공장의 시설을 늘릴 때였다. 한 번 늘릴 때마다 1억 달러라는 큰돈이 필요했다. 액수가 너무 커서 국내자본으로는 감당할 수가 없어 외국자본을 빌려와야 했다. 국내에는 그 동안 내가 쌓아온 신용을 바탕으로 돈을 빌리기가 수월했지만 외국은행의 경우는 달랐다. 그때는 우리가 필요하면 외국에 가서 직접 빌려야 했다. 그러나 우리나라 은행과는 달리 외국은행은 담보 없이 신용만으로도 돈을 빌릴 수가 있었다.

그러한 제도를 알고 있던 나는 외국은행에 가서 돈을 빌려달라고 했다. 처음 거래하는 외국인이 큰돈을 빌려달라고 하자 그들은 무슨 근거로 우리가 돈을 빌려줄 수 있냐고 물었다. "우리나라 은행에 가서 물어봐라. 나는 거짓말을 한 적도 약속을 어긴 적도 없다. 나는 신용으로 사업을 하는 사람이다. 신용 있는 사람은 돈을 빌릴 수 있지 않느냐?"고 하자 내 신용을 확인하고 난 뒤 그들은 필요한 돈을 빌려주었다. 그 뒤 약속한 날짜에 맞춰 돈을 정확하게 갚으니까 그다음부터는 계속적으로 쉽게 돈을 빌릴 수 있었다.

"내 신용을 믿고 융자를 해달라."

사업을 하는 사람은 이렇게 말할 수 있어야 한다. 이렇게 자신 있게 말할 수 있을 정도의 신용을 쌓는 것이야말로 사업을 하는 사람이 최우선으로 관심 갖고 신경 써야 할 일이다. 신용보다 더 큰 재산은 없기 때문이다.

나는 사랑에 빚진 자입니다

약속은 지켜야 한다. 그것이 신용을 쌓는 가장 빠른 길이다. 그렇게 쌓인 신용은 큰 이득을 보장해준다. 신용이 가장 큰 재산이라는 것은 그런 뜻이다.

사랑은 부메랑이 되어 돌아온다

젊은 시절 만주에서 사업을 시작해 꽤 규모를 갖춘 사업체가 되었을 때는 일제가 아시아를 집어삼키려고 날뛰던 혼란기였다. 그래서 인간의 가치가 형편없이 떨어져 있었다.

사람에 대한 믿음을 지키기가 너무나 어려운 시절이었다. 또 사람에 대한 학대가 자연스럽게 이루어졌기 때문에 돈이 있는 사람이나 없는 사람이나 인간의 존엄성을 지키기가 무척 어려운 시대였다. 그러니 근로자들의 권익 같은 것은 생각도 할 수 없었다. 시대가 그랬다. 시대가 사람의 값을 그렇게 형편없이 떨어뜨려놓았던 것이다.

그러한 때에 나는 현지의 많은 근로자들을 고용하고 있는 고용주였고, 어쩔 수 없이 시대의 영향을 받을 수밖에 없는 나약한 인간에 불과했다. 하지만 내겐 그런 외적 영향을 뛰어넘을 수 있는 힘이 있었다. 그것은 바로 그리스도의 가르침이었다.

나는 아주 어렸을 때부터 《성경》 말씀을 통해 사람의 가치에 대

나는 사랑에 빚진 자입니다

한 교육을 받았다. 기독교는 나에게 사람의 생명이 고귀하다는 것, 그 값은 재산이나 권력이나 피부 색깔이나 남녀노소에 상관없이 누구나 똑같다는 것을 가르쳐주었다.

예수님은 이 땅에 계실 때 헐벗고 굶주리고 병든 사람들과 함께 어울리셨다. 병든 사람들을 고쳐주시고, 배고픈 사람들을 먹여주시고, 이 세상에 희망을 가질 수 없는 사람들을 위로해주셨다.

예수님은 그들이 사회로부터 나쁜 대접을 받고 있기 때문에 그들을 더 잘 대접해주어야 한다고 생각했던 것 같다. 사회의 이곳저곳에 패인 골을 메우는 것이 공의라고 생각했을지도 모른다.

만주에서 우리 회사는 근로자들에게 꽤 인기가 있었다. 한번 들어온 직원들은 나갈 생각을 하지 않았다. 그래서 우리 공장에서 일하게 해달라고 부탁하는 사람도 많았다. 우리 회사가 직원들에게 특별한 혜택을 주어서가 아니라 가족 같은 분위기가 소문나면서 마음 편하게 일할 수 있다고 알려졌기 때문인 것 같았다.

나는 기회 있을 때마다 우리가 한 가족임을 강조하곤 했다. 비록 일을 할 때는 경영인과 종업원의 입장이지만 하나님 앞에서는 그 무게 차이가 새털만큼도 나지 않는 동일한 인간이라는 사실을 언제나 생각한다. 그래서 나는 언제나 그들을 사랑으로 대하려고 애썼다.

그 당시는 먹을 것이 충분하지 않던 시절이라 근로자들 거의 대부분이 도시락을 싸올 수 없었고, 도시락을 싸온 사람도 그 음식이 초라하기 이를 데 없었다.

함께 일하는 근로자들이 점심식사를 거른다는 사실이 마음을 무겁게 했다. 알고도 모른 체할 수가 없어서 나는 예산 같은 것은 나중에 생각하기로 하고 당장 종업원들의 점심식사를 회사에서 제공하도록 조치했다.

요새는 점심을 제공하는 회사들이 많아졌지만, 그때 만주에서는 종업원들의 점심을 무료로 제공하는 회사가 거의 없었다. 또 요즘이야 점심 한 끼쯤 회사에서 제공한다고 해도 별 도움이 되지 않을 만큼 살림살이가 넉넉해졌지만, 그때는 그렇지 않았다. 먹고사는 것이 가장 큰 문제였던 그 당시 사람들에게 한 끼를 해결해준다는 것은 크게 보탬이 되는 일이었다.

그렇게 세월이 흘러가 일본이 항복을 하고 만주에 팔로군이 들어오면서 한때 나는 죽기 일보 직전까지 갔었다. 팔로군들이 사업가들을 악덕기업주로 몰고 인민재판을 통해 처단하기를 일삼던 시절이었다. 많은 사람들이 변명 한마디 못하고 죽어갔다. 그들이 조성하고 있는 공포 분위기가 당사자는 물론 주변 사람들의 입도 병긋하지 못하게 하고 있었던 것이다.

"이 사람은 악덕기업주요, 인민의 적이오. 그러니 죽입시다" 하면 그만이었다. 나는 그들과 같은 민족이 아니었기 때문에 더욱 불리했다.

그런데 막상 내가 재판을 받는 자리에 서자 뜻하지 않은 일이 일어났다. 처음에는 겁에 질려 숨을 죽이고 있던 근로자들 가운데 한 사람이 벌떡 일어나 나를 변호하기 시작한 것이었다. 그 사람은 참으로 큰 용기를 냈다.

나는 사랑에 빚진 자입니다

나는 사랑을 부메랑이라고 말하고 싶다.

내가 베푼 사랑은 언젠가 나에게 돌아오게 되어 있다.

생을 바쳐 사업을 해오는 동안

나는 그런 정신과 자세를 지키고자 애써왔다.

사람을 사랑하려고 했고 직원들을 가족처럼 여겼다.

자신이 가만있으면 저 사람은 죽는다는 생각에 용기를 낸 것이다. 그것은 자기의 목숨을 담보로 한 것이나 마찬가지였다. 그 일은 지금 생각해도 너무나 고맙다. 그 사람이 아니었으면 나는 그때 이미 이 세상 사람이 아니었을 것이다.

그 사람은 내가 악덕기업주도 아니고, 인민의 적도 아니라고 말했다. 그 사람은 내가 근로자들을 착취하지도 않았고, 오히려 가족처럼 대해주었다고 말했다. 그리고 그 사람은 조용히 앉아 있던 다른 근로자들을 향해 최 사장은 만주 땅에서 유일하게 점심식사까지 제공해준 경영자였음을 증언했다. 그 말이 다른 근로자들의 마음을 움직였던지 가만히 앉아 있던 근로자들이 웅성웅성거리며 그 말이 맞다고 응수했다.

"그 사람은 나쁜 사람이 아니오. 그 사람은 좋은 사람이었소."

한 사람만 내 편을 들어주었다면 나는 살 수 없었을지도 모른다. 한 사람의 의견이야 묵살해버리면 그만이니까. 하지만 아무리 팔로군이라고 해도 모든 근로자들의 의견을 묵살해버릴 수는 없었던 것 같다. 나는 처형 일보 직전에 구출되었고, 근로자들의 도움을 받아 그곳을 빠져나오는 데 성공했다.

나는 사랑을 부메랑이라고 말하고 싶다. 오스트레일리아의 원주민들이 만들어 사용하던 무기 중에 부메랑이라는 것이 있는데, 던지면 표적을 맞춘 다음 다시 제자리로 되돌아온다. 사랑이 그러하다. 처음에는 흔적도 없이 사라진 것 같지만 결국 사랑을 베푼 사람에게 반드시 돌아오게 되어 있다.

나는 사랑에 빚진 자입니다

나는 그 사랑의 원칙을 믿는다. 그것은 나의 체험에서 나온 것이다. 내가 베푼 사랑은 언젠가 나에게 돌아오게 되어 있다. 그 재판 자리에서 나를 위해 증언해준 사람이 없었다면 어떻게 되었겠는가. 내가 직원들을 향해 보낸 사랑의 부메랑이 바로 그 순간, 내가 가장 필요로 하는 그 자리로 돌아온 것이다.

사랑은 서로 통한다. 사랑은 사랑을 알게 하고, 사랑을 되돌려주게 한다.

평생을 바쳐 사업을 해오는 동안 나는 그런 정신과 자세를 지키고자 애써왔다. 사람을 사랑하려고 했고 직원들을 가족처럼 여겼다.

한국유리는 창사 이래 공장의 기계가 설 만큼 노사문제가 극으로 치달았던 적이 한 번도 없다. 노동조합이 없어서가 아니다. 한국 유리에 노동조합이 생긴 것은 1961년의 일로, 우리나라 사업체 대부분에 아직 노동조합이 생기기 전이었다. 나는 노동조합의 결성과 근로자들 간의 연대가 당연한 권리라고 생각하고 그들의 활동을 보장해주었다.

그렇다고 노사 간에 아무런 갈등이 없었던 건 아니다. 노사 간에는 갈등도 있고 긴장도 있다. 나는 갈등도 없고 긴장도 없는 개인이나 집단은 건강하다고 생각하지 않는다. 생명이 있는 건강한 개인이나 단체는 그 내부가 언제나 갈등과 긴장으로 팽팽해 있다.

말하자면 그것이 활력이 되고, 에너지가 되는 셈이다. 물론 교섭 기간에는 복잡한 과정을 거치지만 마지막에 가서 항상 타결이 되는 우리 회사의 노사관계를 나는 그렇게 해석하고 싶다.

한국기독실업인회장으로서 대만과의 교류협력

창립20주년 기념메달 증정

사랑은 믿음을 만들고 믿음은 다시 사랑을 만든다.
나는 우리 회사를 믿어주고, 경영자인 나를 믿어주고,
나의 사랑에 신뢰로 응답해준 우리 한국유리의 근로자들에게
큰 고마움을 느낀다.

갈등과 긴장은 존재해야 한다. 하지만 그것은 공장의 기계를 멈출 만큼 파괴적이지 않아야 한다. 협상하고 긴장하는 관계가 될 때는 있었지만, 공장의 기계가 설 정도로 극단적인 파업까지는 가지 않았다.

나는 그 까닭이 특별하게 우리 회사가 대우를 잘 해주어서라고는 생각하지 않는다. 물론 대우를 잘해주는 것도 중요하기에 최대한의 배려를 하려고 애쓰지만 그것이 전부일까? 아무리 대우를 잘해주어도 공장의 기계는 선다.

나는 다른 데서 이유를 찾는다. 보내면 반드시 돌아오게 되어 있는 부메랑 같은 사랑의 속성 말이다. 가족과 같은 관계 속에서 서로 믿어주는 행동은 서로를 상처 입히지 않는다. 얼마간의 불만이 남아 있을 수도 있지만 가족과 같기 때문에 사랑하기 때문에 파국으로 치닫지는 않았다.

사랑은 믿음을 만들고 믿음은 다시 사랑을 만든다. 나는 우리 회사를 믿어주고, 경영자인 나를 믿어주고, 나의 사랑에 신뢰로 응답해준 우리 한국유리의 근로자들에게 큰 고마움을 느낀다. 그들의 사랑과 믿음이 없었다면 오늘날의 한국유리도, 또 지금과 같은 최태섭도 존재하지 않을 것이다.

가정의 분위기는 가족들 한 사람 한 사람이 함께 만들어가는 것이다. 회사도 마찬가지이다. 나는 나의 회사와 나의 사랑하는 가족들이 참으로 자랑스럽다.

작은 자를 위한 교회를 세우다

　나는 월남 후 지금까지 40년이 넘도록 수도교회 신자로 있다. 수도교회는 김용복 목사님과 함께 개척한 교회인데, 그분도 이북 출신의 피난민으로 전도에 대한 열정이 남달랐다.

　1952년 피난지인 부산에서 김용복 목사님을 처음 만났다. 세월이 혼란스럽고 형편도 어려웠지만 이북에서 피난해 온 사람들은 기독교신앙을 철저하게 고수했다. 낯선 땅에서 새로운 삶을 시작해야 한다는 막막함이 하나님께 더욱 의지하게 만들었는지 모른다. 월남해 온 기독교인들은 교회를 중심으로 모여서 하나님에 대한 믿음을 확인하며 서로를 위로하곤 했다.

　김용복 목사님도 그런 만남을 통해 알게 되었다. 나는 그분에게서 선교에 대한 열정과 비전을 보았다. 우리는 나라의 장래에 대한 서로의 생각을 나누곤 했는데, 그때마다 그분은 우리가 하나님께 더욱 열심히 기도해야 한다고 역설하셨다.

　　　　　　　　　나는 사랑에 빚진 자입니다

1977년 창립 25주년

1979년 8월15일 수도교회 기공식

"참으로 하나님을 섬기는 기독교인의 수가 늘어나야 합니다. 그러면 하나님께서는 당신을 섬기는 신자들로 인해서 우리나라를 도와주실 것입니다. 의인 열 명이 없어서 소돔과 고모라가 망했습니다. 우리는 이 나라를 구할 의인들이어야 합니다. 하나님께 기도합시다."

혼란스럽고 불확실한 당시 상황에서 이렇게 말할 수 있는 사람이라면 우리의 믿음을 지켜주고 키워줄 수 있으리라는 생각이 들었다. 그래서 나는 아내와 함께 김용복 목사님을 찾아가 교회를 세우자고 건의했다.

내 속에는 하나님의 뜻을 전하는 일에 대한 열망이 있었다. 나의 삶을 이끌어오신 분이 그분이라는 사실을 나는 항상 고백한다. 일제 치하와 만주에서의 생활, 전쟁의 늪을 건너오면서 겪었던 크고 작은 체험들이 그런 고백을 만들어냈다. 이제까지 나의 삶을 지켜주고 나의 길을 이끌어주신 하나님을 위해 무언가를 하고 싶었다.

사업가로서 나에게 하나님께서 허락해주신 돈, 그 돈을 바쳐서 교회를 개척하고 섬겨야겠다는 생각이 들었다. 나는 그 생각에 따르기로 했다.

뜻을 함께한 사람 여덟 명이 교회를 시작했는데 이것이 수도교회의 출발이 되었다.

휴전 후 서울로 올라온 우리들은 교회의 터를 어디에 잡을 것인가를 여러 가지로 의논하다가 마침내 사직동으로 결정했다.

사직동은 조선시대 이래로 지신과 곡물신에게 제사를 지내는 사직단이 있는 곳으로, 전통신앙에 대한 숭배가 그 어느 지역보다 철저한 곳이었다. 따라서 기독교 신앙이 침투해 들어가기가 여간 어려운 지역이 아니었다. 그러다 보니 교회들도 사직동 근처에는 생기지 않는 실정이었다. 가장 선교하기가 힘든 곳에 뚫고 들어가 교회를 세우고 복음을 전파하자는 취지, 바로 그 점이 우리가 사직동을 택한 이유였다.

"아무도 전도하지 않으면 우리가 하자. 전도하기가 어려우면 더욱 우리가 하자."

김용복 목사님이 앞장서서 인도했다. 그렇게 해서 사직동에 교회가 세워졌고, 지금까지 그 자리에 있다.

예상한 대로 외형적인 성장은 잘되지 않았지만 실망하진 않았다. 우리가 처음에 그곳에 들어갈 때 큰 교회를 설계하고 시작한 것이 아니었기 때문이었다. 만일 큰 교회를 원했다면 사직동으로 들어가지 않았을 것이다.

수도교회는 처음부터 어린이들의 교육에 큰 관심을 기울였다. 생활태도와 관습이 굳어진 어른들에 비해 어린이들을 전도하고 교육하는 일은 그렇게까지 어렵지 않았다. 그렇게 교육받은 아이들이 신앙인이 되어나간다면 그들이 어른이 되었을 때 사직동을 변화시킬 수 있을 것이라는 기대도 있었다.

그리고 수도교회를 통해 알게 된 개척교회의 어려움을 생각하며 전국에 있는 농어촌지역 개척교회에 무상으로 유리를 보내주었고, 지금까지도 지속해오고 있다.

수도교회에서 최태섭 장로님을 기억하여 동판에 새김

나에게 있어서 모든 판단의 최종적 기준은 기독교 정신이다.
어릴 때 몸에 익은 그 사상은
내 인생의 마지막까지 나를 움직일 것이다.

김상근 목사님이 시무하실 때 교회를 다른 지역으로 옮기는 문제가 심각하게 거론된 적도 있었다. 서울 밖으로 옮겨 사회봉사를 위한 시설을 갖추자는 의견이 대두되어 회의가 열리고 투표까지 하는 등 시끄러웠다. 당시의 독재 권력과 맞서 싸우는 반정부목사로도 유명했던 김상근 목사님은 그 계획에 반대하셨다.

목사님은, 교회가 자리를 옮기는 것은 오직 선교적 필요 때문이어야 한다는 것이었다. 또한 수도교회가 밖으로 나가면 다른 사람들이야 차 타고 오면 되지만 가난한 사람들은 차비를 들이면서까지 수도교회를 찾아올 수가 없게 된다는 것이었다. 교회는 가난한 이들의 교회이기도 한데 무조건 편의대로 옮겨서는 안 된다고 극구 반대했다.

처음에 나는 교회를 옮기는 데 더 호감을 갖고 있었다. 하지만 점점 목사님의 판단이 옳다는 생각이 들었다. 나는 수도교회를 개척하던 초창기 시절, 우리가 어떤 마음으로 이 사직동에 들어왔는지를 다시 한 번 떠올려 보았다. 그리고 목사님의 뜻을 따르기로 했다.

"원칙적으로 목사님 말씀이 옳습니다. 목사님의 뜻에 따르겠습니다."

그런 위기를 겪고 난 후, 수도교회는 이제껏 사직동을 지키고 있다. 우리가 생각한 것은 본이 되는 교회를 만드는 것이었다. 모든 점에서 모범이 되는 교회, 하나님의 뜻이 이루어지고, 그리스도가 다스리시는 교회가 우리가 생각한 모습이었다. 그런 교회라면 큰 교회일 필요가 없을 것이고, 또 커질 필요도 없을 것이다.

우리 교회에서 지체부자유자들을 위한 사랑의 교실을 운영하는 것도 그런 뜻을 실현하기 위해서였다. 정신장애자들을 지도하기 위한 전문교사가 있지만 많지는 않다. 그런 정도의 미미한 일을 가지고 무슨 효과를 기대할 수 있느냐고 질문할지 모른다.

그러나 나는 그렇게 생각하지 않는다. 우리 교회는 본이 되는 교회이기를 원하기 때문이다. 바로 그것이다. 우리 교회에서 시도한 이 작은 일을 다른 교회들이 본받아 뒤따라온다면 그 효과는 엄청날 것이다. 교회들은 그런 식으로 우리 사회에 영향을 미쳐야 한다고 나는 생각한다.

수도교회가 본이 되는 교회가 되기를 바라는 것처럼, 나는 우리 수도교회 신자 한 사람 한 사람이 모두 본이 되는 신자가 되었으면 하고 바란다. 나부터 그렇게 본을 보이며 살 수 있었으면 하고 바란다.

무슨 일이 있어도 주일예배는 빠지지 않는다는 것이 나의 신조다. 외국에 급히 나갈 일이 있어도 주일에는 예배를 드리고 떠난다. 청와대에 불려가서도 수요일 예배 때문에 가야 하기 때문에 일찍 나온 적이 있다. 교회에서 특별한 집회가 열리면 바빠서 다 참석할 수가 없을 때라도 첫날이나 마지막 집회는 참석하려고 노력한다.

그러나 더 중요한 것은 예배시간을 지키는 것이 아니라 생활이 예배가 되어야 한다는 것이다. 나에게 있어서 모든 판단의 최종적 기준은 기독교 정신이다. 어릴 때 몸에 익은 그 사상은 내 인생의 마지막까지 나를 움직일 것이다.

기독교 정신의 핵심은 사랑이라고 생각한다. 예수님은 사람에 대

나는 사랑에 빚진 자입니다

한 사랑 때문에 이 땅에 오셨고, 사랑 때문에 죽으셨다. 그분의 짧은
삶은 서로 사랑하라는 교훈을 남기기 위한 것이었다.

우리는 왜 돈을 버는가?
사랑을 실천하기 위해서이다.
우리가 왜 공부를 하는가?
사랑을 실천하기 위해서이다.
만일 사랑을 하지 않는다면 큰돈과 많은 배움은
아무 소용이 없다. 이것이 나의 생각이다.

제3부

최태섭 장로님은
이런 분이십니다

여의도순복음교회 이영훈 목사님의 주일 설교를 통해 소개한 인물들의 신앙 간증의 내용을 애니메이션으로 제작한 〈힐링스토리〉라는 콘텐츠가 있다. 2021년 5월 넷째 주에 소개되는 힐링스토리 주인공은 한국유리(현 한글라스)의 설립자로, 기업 이윤의 20%를 사회에 환원해온 고(故) 최태섭 장로님의 이야기였다. 이렇듯 최근에 이르기까지 신앙과 기업 경영의 모범으로 여전히 회자되는 다양한 회고담들을 추려 묶어보았다.

최태섭 장로님의 호는 청삼(晴森)이며, 평안북도 정주(定州)에서 태어났다. 1926년 오산고등보통학교를 수료했다. 1957년 유엔한국재건단(UNKRA)의 지원을 받아 이봉수(李鳳守), 김치복(金致福) 등과 함께 한국유리공업주식회사를 설립했다.

그때부터 한국의 유리산업의 발전을 위해 쏟은 열정과 그로 인한 성과를 이루 말할 수 없지만 유리처럼 투명한 기업경영과 빛나는 실적에 못지않게 사람들의 뇌리에 남아 있는 것이 신실한 믿음과 다양한 사회봉사활동이다.

세상에서 가장 행복한 여자[*]

김성윤   부인, 한국구화학교 이사장, 수도교회 권사

"여보, 우리도 부부싸움 좀 한번 해봅시다."

스물한 살에 지금의 남편과 결혼해서 함께 살아온 지 60년! 이제는 남편의 눈빛만 봐도 무슨 생각을 하는지 알 수 있지만, 우습게도 나는 이제껏 한 번도 부부싸움을 해보지 못했다는 점이 아쉽습니다.

조용하고 생각이 깊은 남편에 비해 나는 본시 활달하고 목소리도 큰 편입니다. 또한 남편은 머리가 좋아서 잘 잊어버리지도 않고 자기가 한 말은 꼭 지키는데 비해, 나는 잊어버리기도 잘하고 실수도 잘합니다. 그래서 가끔씩 나는 남편에게 나를 변명합니다.

"사람이 기계요? 지금 못해도 언젠가는 할 건데, 잊지 않고 어떻게 꼭꼭 합니까?"

이것이 우리 부부가 할 수 있는 부부싸움의 전부입니다.

---

[*] 이 글은 김성윤 사모님이 결혼 60주년을 맞아 쓰신 글입니다.

올해는 남편과 제가 결혼을 하고 함께 살아온 지 60년 되는 해입니다. 마음은 아직도 남편을 찾아 생전 처음 만주 땅을 밟던 스물한 살의 어린 신부인데, 돌아보면 언제 이만큼 살아왔나 깜짝 놀랄 정도로 오랜 시간이 흘렀습니다.

남편과 나는 첫눈에 반했다거나 열렬한 연애 시절이 있었던 것은 아닙니다. 본시 나의 고향은 이북 신의주입니다. 그곳에서 큰형부가 정미소를 하고 계셨는데, 그때 일하던 정주 출신의 한 청년이 바로 지금의 남편이 되었습니다. 워낙 일 잘하고 성실했던 청년을 우리 어머니는 무척 맘에 들어 하셔서 막내사윗감으로 점찍으셨고, 사리원중학교 졸업반에 다니던 나도 가끔씩 보게 되는 그가 싫지 않았습니다.

그리고 결혼 60년 세월, 여든이 넘은 지금까지 아직도 나는 남편에게 어린 사람입니다. 아침마다 조찬기도회에 참석하러 나가는 남편은 자명종 소리에 내가 잠이 깰까 봐 시계를 침대 밑에 내려놓고 잡니다. 그리고 새벽에 일어나서는 와이셔츠에, 양말에, 넥타이에 조용조용 꺼내 입고서 뒤꿈치를 들고 살금살금 나갑니다. 잠자고 있는 내 이불을 잘 덮어준 채 말입니다. 아침에 일어나서 이 양반이 어디 갔나 하고 찾으면 새벽에 일찍 나가셨다고 아줌마가 알려줍니다.

여든 살이나 된 부부가 참 우습다고 해도 할 수 없지만 우리 부부는 그렇게 60년을 같이 살아왔습니다. 몇 년 전 미국에 있는 딸네 집에 놀러갔을 때 사귄 친구들이 지금도 나를 황제 부인이라고 부르는 이유도 극진한 남편의 사랑에 있을 겁니다.

나는 사랑에 빚진 자입니다

한번은 내가 실수를 해서 우리 집에 경제적으로 큰 어려움이 닥쳤던 때가 있습니다. 나는 나 때문에 우리 가족들이 어려움을 겪게 하고 싶지 않았습니다. 그러나 남편은 그 어떤 손해나 어려움을 감당하고서도 나를 감싸주었습니다. 그러고서 사업적인 출혈을 감당하면서까지 그 문제를 해결해주었습니다.

그 일이 있고 몇십 년이 지났지만 남편은 단 한 번도 장난으로라도 그 일에 대한 눈치를 주거나 싫은 소리를 하지 않았습니다. 분명 남편에게도 감당키 힘든 일이었을 텐데 말입니다. 그런 남편의 행동은 나를 세상에서 가장 소중하게 여기고 있다고 느끼기에 충분했습니다.

뭔가 서로에게 부족한 부분을 메워주는 부부가 진짜 잉꼬부부일 텐데 항상 받기만 하던 내가 남편에게 도움이 되었던 적은 한 번 있습니다.

1961년쯤이었던 걸로 기억됩니다. 그 당시 박정희 씨가 대통령이 되고 나서 이전 정부에 돈을 갖다 주었던 기업가들을 잡아갔습니다. 한밤중에 들이닥친 수사관들에게 남편이 붙들려가고 며칠 후 가택수사를 한다면서 또 한 차례 수사관들이 들이닥쳤습니다.

온 집안을 다 뒤지고 다니며 한 차례 폭풍이 몰아친 것같이 해놓고서는 정신이 하나도 없는 내게 미안해하면서 재벌집이라기에 호화스럽게 해놓고 살 줄 알았는데 다른 재벌집과는 많이 다르다고 하면서 돌아갔습니다.

나중에 알았는데 우리 집이 너무 검소해서 잡혀갔던 남편도 경찰서에서 대접을 받았다고 합니다. 남편은 그 일에 대해서 아내의 덕이라며 나에게 고마워했습니다.

밖에서도 큰소리치는 법이 없지만 집에서도 또한 큰소리로 말하는 법이 없는 남편은 회사일 하느라 바쁘고 힘들던 시절에도 집에 와서 힘들다는 내색을 하지 않았습니다. 하지만 말을 안 해도 밖에서의 고충을 어느 정도 알 수 있기에 남편이 집에 돌아오면 마음 편히 있게 해주려고 우스운 얘기도 들었다가 기억해서 들려주고, 최대한 마음을 편하게 해주려고 노력합니다.

결혼 60주년이라니, 정말로 오랫동안 함께 살았습니다. 남편과 내가 함께 겪어온 일들은 참 많지만 어찌 그걸 다 말로 표현하겠습니까? 그저 평생 나를 아끼고 보듬어준 남편에게 고맙다는 말을 할 수 있을 뿐입니다.

요즘은 가끔씩 남편하고 둘이 마주앉아 지나온 이야기들을 주고받곤 합니다.

"둘이서 시작했는데 언제 이렇게 많아졌지? 하하하. 우리 한 번 꼽아봅시다. 몇이나 되나? 그러니까 큰 아들네가 세훈이하고, 수찬이하고……."

우리 부부는 3남 2녀의 자식을 낳았는데 지금은 증손자까지 생겼습니다. 전부 다 아무 탈 없이 무난하게 살아주는 것이 기쁩니다. 이제 결혼 60주년이라고 기념식을 한다기에 그 조건이 뭔가 생각해보니, 잘못된 자손이 한 명도 없어야 한답니다. 한 명 한 명 꼽아보니, 다들 아무 문제없이 가정을 꾸리고 잘 살고 있습니다.

나는 사랑에 빚진 자입니다

집 앞에서 가족들과 함께

나에게 마지막 소원이 있다면
하나님께 받은 이처럼 큰 은혜를 감사하면서
세계선교를 위해 힘쓰다가 남편과 함께 이 땅에서의
마지막을 맞이하는 것입니다.

남편은 밖에서 아랫사람들이 잘못해도 큰소리 안 내고 타이른다고 하는데, 자식들에게도 평생 매를 안 들었습니다. 매 맞지 않고 자란 자식이라 버릇도 없고 제멋대로면 어쩌나 걱정했지만 평생 자식을 위해 기도하며 키운 덕택인지, 하나님께서 올바로 키워주셨습니다. 그래서 아들 셋과 딸 둘 중에 부모를 마음 아프게 한 자식이 없습니다. 그저 감사할 뿐입니다.

아이들 초등학교 다닐 때부터 절대 돈 봉투 들고 학교에 드나들지 못하게 한 남편이었습니다. 비싸고 예쁜 옷보다는 검소하고 편한 옷을 입히게 하고, 용돈을 적게 주고 아껴 쓰게 했는데, 아이들이 자라면서 한 번도 불평 안 하고 다들 말 잘 듣는 것이 기특했습니다. 다만 너희들이 공부를 하겠다면 힘닿는 데까지 밀어주겠다고 한 아버지의 말을 잘 알아들은 아이들이 스스로 알아서 열심히 공부하여, 자기들이 가고 싶어 하던 대학에 모두들 들어갔습니다.

사업하는 사람들끼리는 서로 사돈을 맺어두면 좋다던데 남편은 아이들 결혼문제에 있어서도 스스로 좋다고 선택한 배우자들을 다 기쁘게 맞아주었습니다.

농아들을 교육하는 데 일평생을 바쳐온 우성원의 최병문 원장은 가끔씩 우리 부부를 보면서 "회장님은 다른 사람들한테는 존경도 받고 아주 큰 어른이시지만, 사모님한테는 꼼짝 못하시네요."라며 껄껄 웃곤 합니다.

그러나 나는 압니다. 남편은 나에게 져주고 내 말대로 따라주면서 오히려 더 크게 나를 보살펴주고 있다는 것을요.

나는 사랑에 빚진 자입니다

나에게 마지막 소원이 있다면 하나님께 받은 이처럼 큰 은혜를 감사하면서 세계선교를 위해 힘쓰다가 남편과 함께 이 땅에서의 마지막을 맞이하는 것입니다.

　"세상에서 가장 행복한 여자야, 나와라!"

　이 세상 마지막 날, 주님께서 오셔서 온 세상을 향해 이렇게 소리치신다면 나는 손 들고 "저요!" 하면서 버선발로 뛰어나갈 것입니다.

말 없는 가르침이 더 무섭습니다

김종덕   맏사위
전 제일시티리스 회장
전 제일은행 전무

저는 최태섭 장로님을 감히 장인, 장인어른으로 부르기보다 아버님으로 보필하면서 1998년 하나님의 부르심을 받을 때까지 어언 40년이란 세월을 곁에서 지켜볼 수 있는 기회가 있었습니다. 누구나 인생이란 좋고 나쁘고 높고 낮은 여러 시간을 맞이하면서 지냅니다. 그러니 고인의 품성이나 인격이나 그 무엇 하나 내가 논할 바가 아님은 자타가 시인하는 바가 아닌가 생각합니다. 그럼에도 불구하고 제게 너무도 소중한 기억들을 되짚어보려 합니다.

제가 장인어른을 처음 뵙게 된 것은 아주 우연한 기회였습니다. 1958년 지금부터 37년 전입니다. 평소 친부모처럼 따르던 어른이 외국에서 나오셔서 제가 잠시 그분을 수행하고 있을 때였습니다.

어느 날인가 한국유리의 최 회장님께서 그분을 점심식사에 초대했습니다. 손님을 모시고 회장님 댁으로 간 나는 밖에 나가서 식사를 할 참이었습니다. 그런데 자꾸 들어오라고 권하시는 것이었습니다. 그래서 모른 척하고 따라 들어가 테이블 한 쪽에 앉았습니다. 그 때 아버님을 처음 뵈었는데 인상이 참으로 온화했고 말할 수 없이 부드러웠습니다.

그 후 오랜 세월이 흘렀습니다. 그렇게 우연치 않은 인연으로 맺어져 결국 난 이 집의 백년지객이 되었고 누구보다 존경하던 분을 늘 가까운 곳에서 모실 수 있는 행운을 얻었습니다. 더구나 외국생활을 마치고 돌아온 1983년부터는 아예 한집에 살면서 아침저녁으로 아버님을 뵙게 되었습니다. 이만하면 아버님과 함께 지내온 세월이 결코 짧다고는 할 수 없을 것이다.

그런데 거짓말처럼 들릴지 모르지만 그동안 난 한 번도 아버님이 집에서 큰소리를 내거나 싫은 소리 하시는 걸 들은 일이 없었습니다. 집안 문제일 경우는 말할 것도 없고 회사에 몹시 어려운 일이 있어도 아버님은 당신의 힘든 감정을 전혀 가족들에게 내보이지 않으셨습니다.

사람이란 것이 이쪽에서 뺨 맞으면 저쪽 가서라도 화를 풀려는 게 인지상정인데 아버님에게는 통하지 않는 일이었습니다. 그것은 남에게 걱정을 끼치지 않으려는 생각, 사람을 배려하는 마음이 그분의 가슴속에 깊이 새겨 있기 때문입니다.

더욱 놀라운 것은 아버님은 어떤 말을 하시기 전에 그것이 그 사람에게 불쾌할 것이라고 생각되면 절대로 입 밖에 내지 않으신다는 것입니다.

1960년대 중반 한국유리가 이러저러한 일로 한참 어려움을 겪고

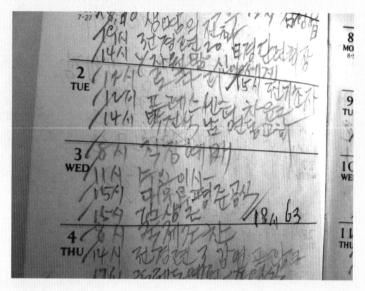

최태섭 장로님의 수첩

아버님의 기도는 하루도 거르는 일이 없습니다.

그렇게 날마다 빠짐없이 드리는 기도는

아버님의 성실한 성품 때문에 가능한 것입니다.

아버님의 검소하고 성실한 성품은

그분이 38년 동안 유리 한 가지만을 고집하신 기업 활동과

다양한 사회활동을 통해 널리 알려져 있습니다.

그러나 가족의 한 사람으로서 볼 때 자잘한 일상에서 보여주시는

모범된 모습이 우리에게 더욱 많을 것을 일깨워주기도 합니다.

있을 때였습니다. 아버님은 무척 큰 고통을 겪고 계셨으며 화를 내도 모자랄 일들이 여기저기에 산재해 있었습니다. 하지만 그 힘든 때에도 가족이나 주위 사람들에게 짜증 한 번 부리지 않으시고 무사히 고비를 넘기셨습니다.

아버님의 남을 생각하는 마음은 가족이나 주위 사람에게만 국한되지 않습니다. 생전 처음 보는 사람, 그중에서도 도움이 필요한 사람에게 더욱 두드러지게 나타납니다.

아버님에게 도움을 청하러 찾아오는 사람이 무척 많습니다. 그들이 청하는 도움 중에는 들어줄 만한 일도 있고 그렇지 못한 일도 있다. 예의가 바른 사람도 있고 그렇지 못한 사람도 있습니다. 하지만 아버님은 아무리 언짢은 부탁에도 얼굴 표정 하나 일그러뜨리지 않고 일단 성의껏 의견을 들어주셨습니다. 기본적으로 사람을 믿고 긍정적으로 받아들이려는 마음이 가득하기 때문입니다.

특히 목사님들이나 전도사님들이 교회를 짓는 등의 도움을 청하면 아버님은 하나님의 사업을 하는 일이라 생각하시고 대부분 들어주셨습니다. 아버님의 그런 태도를 보고 어떤 사람들은 나는 예수는 안 믿어도 최태섭 씨는 믿는다고 말하기까지 했습니다.

그러저러한 모습들을 보면서 저는 아버님이 그렇게까지 남을 생각할 수 있는 그 비결이 무얼까 몹시도 궁금했습니다. 사실 웬만한 사람 같으면 그렇게 안으로만 삭혀서는 스트레스 받아 암에 걸려도 벌써 여러 번 걸렸을 것이기 때문입니다. 결국 저는 아버님이 아침저녁 골방에 들어가 하나님께 드리는 기도가 그 비결의 핵심이라고 결론을 내렸습니다.

아버님의 기도는 하루도 거르는 일이 없습니다. 그렇게 날마다 빠짐없이 드리는 기도는 아버님의 성실한 성품 때문에 가능한 것입니다. 아버님의 검소하고 성실한 성품은 그분이 38년 동안 유리 한 가지만을 고집하신 기업 활동과 다양한 사회활동을 통해 널리 알려져 있습니다. 그러나 가족의 한 사람으로서 볼 때 자잘한 일상에서 보여주시는 모범된 모습이 우리에게 더욱 많은 것을 일깨워주기도 합니다.

요즘 젊은 사람들은, 아니 우리 나이만 해도 어느 정도 유행이 지나거나 낡은 옷은 거들떠보지도 않습니다. 경제적으로 여유도 생겼거니와 새로운 것들이 하루가 다르게 나오다 보니 조심하고 아껴서 오래 간직한 옷이 오히려 더 궁상맞아 보여 입을 수 없기도 합니다.

그러나 아버님은 그런 것에는 전혀 신경을 쓰지 않으셨습니다. 20년 전 양복도 마다하지 않으시니 말입니다. 하지만 자식 된 도리로 노인네가 유행이 지나도 한참 지난 옷을 입고 다니시는 게 민망스러워 내가 가끔씩 슬쩍 치워버릴 때가 있습니다. 그러면 꼭 그 양복을 찾으신다고 합니다. 그래서 제가 그랬다고 하면 뭐라고 나무라시지는 않지만 세상에 아직도 굶는 사람이 많은데 우리가 이래서는 안 된다고 하시며 검소한 생활을 몸소 실천해 보이셨습니다.

아버님의 생활 중에서 또 한 가지 놀랄 만한 것은 한결같은 성실성입니다.

저는 같이 사는 동안 매주 토요일마다 아버님을 모시고 목욕을 다녔습니다. 아버님의 목욕은 근 두 시간에 걸쳐 행해지는데 그 일정함이 전혀 변하지 않았습니다. 탕에 들어가 있는 시간, 천천히 몸을 움직여 닦는 시간, 다시 물에 들어가는 시간이 그렇게 일정할 수가 없습니다. 사실 아버님의 건강관리법은 특별하게 어려운 일은 아닙니다. 특별히 돈이 드는 것도 아닙니다. 하지만 그것을 꾸준히 실천하는 것이 결코 쉽지 않다는 것은 한 번쯤 무엇을 시작해본 사람이라면 누구나 공감할 수 있을 것입니다.

음식 드실 때도 그 한결같음은 여실히 드러납니다. 철저히 소식을 하시는데 거의 절식에 가깝습니다. 밥을 한 공기에 가득 담지 않는데도 꼭 3분의 1은 남기십니다. 다른 사람 같으면 의사의 특별한 지시를 받고도 그대로 실천하기가 쉽지 않을 것입니다. 그래서 아버님과 식사를 하다 보면 손해를 보는 쪽은 꼭 접니다. 저는 원래 급하게 많이 먹는 편인데 어른 앞이라 수저를 넙죽 내려놓을 수도 없고 해서 끝까지 앉아 있다 보면 저는 거의 세 배 정도를 먹게 되었습니다.

이처럼 사소한 일상 속에서도 온유함과 검소함 그리고 성실함을 몸소 실천하시는 아버님의 모습을 보아온 우리 자손들은 나쁜 길로 빠질래야 빠질 수가 없었습니다. 이래라 저래라 말씀 한 번 안 하시지만 당신이 스스로 보이신 생활의 태도로 중심을 딱 잡아주시기 때문입니다.

그러나 저에게는 한때 아버님의 흐트러짐 없는 생활이 힘겹게 느껴질 때도 있었습니다. 제가 교회에서 장로 되기 10여 년 전부터

제가 후보로 거론되고 있었을 때, 저는 진실로 최태섭 장로님의 100분의 1도 못 좇아가는 부족한 몸이니 앞으로 그런 말씀이 나오면 교회를 그만두겠다고 했을 정도였습니다. 저 같은 보통 사람이 그분의 생활을 따르기에는 많은 노력과 인내가 필요하기 때문입니다. 그래서 철없던 시절에는 그러한 생활이 몹시 어렵게 생각되기도 했었습니다.

하지만 어느덧 저도 머리가 희끗희끗해지고 할아버지 소리를 듣는 나이가 되었습니다. 요즈음은 저도 모르게 왜 젊었을 때 저분처럼 살지 못했을까 하는 후회가 문득문득 일어납니다.

제가 감히 그 어른 아니 아버님을 짧은 글로 표현하는 것조차 죄송하게 느껴질 정도입니다. 다만 아버님의 뜻을 따라 좀 더 정직하고 성실하게 살려고 노력할 뿐입니다.

나는 사랑에 빚진 자입니다

김상근 목사와 수도교회

　김상근 목사님은 최태섭 장로님을 '우리 시대의 큰 어른'으로 기억한다. 김 목사님이 최 장로님을 처음 만난 것은 1968년이었다. 전도사 신분으로 문동환 목사님이 시무하시던 수도교회에 부임해 갔는데, 최 장로님은 수도교회의 두 분 장로 가운데 한 분이었던 것이다.

　문 목사님이 수도교회를 사회 속에서 봉사하는 개혁적인 교회로 탈바꿈시키려 하고 있었고, 김 목사님은 그 일을 책임지고 이끌어가는 역할을 맡았다. 부임하고 얼마 있지 않아 신자들로 하여금 지역조사를 하게 하기 위해 지역을 나누어 팀을 짜서 사람들을 보냈다. 물론 최 장로님도 예외는 아니었다. 신자들은 놀란 듯했지만 정작 당사자인 최 장로님은 아무 말없이 지역조사를 하고 돌아왔다. 조사를 마치고 서로 이야기를 하는 중에 최 장로님이 했던 말씀이 기억

난다.

> "우리의 이웃들이 이렇게 산다는 건 상상도 못했습니다. 교회
> 는 이런 사람들을 위해 헌신해야 합니다."

이렇듯 그분과의 첫 만남에서부터 잊을 수 없는 인상을 받았다.
그때 김 목사님은 최 장로님에 대해 아는 것이 별로 없었다. 그분이
기업의 회장이라는 것도, 우리나라의 경제계와 기독교계에서 얼마
나 큰 역할과 비중을 차지하고 있는지도 전혀 알지 못했던 것이다.
그것을 알았더라면 어찌 50대 후반의 그분을 가파른 달동네의 골목
길로 내보낼 수 있었겠는가.

최 장로님은 겸손함과 타인에 대해 배려하는 자세가 몸에 밴 분
이다. 도움을 줄 때 금전적인 도움만 주고 마는 것이 아니라 그들의
입장에 서서 이해하고 행동하는 분이다.

최 장로님은 교회에 올 때면 언제나 주머니에 여러 장의 천 원
짜리 지폐를 준비해왔다. 그 당시 수도교회에는 정신적으로 장애
가 있어 돈을 관리할 능력이 없는 사람들이 더러 있었는데, 그런 사
람들을 볼 때마다 준비해 간 천 원짜리 지폐를 건네주곤 했다. 저런
사람들을 도와줘봤자 아무 소용없다고 주변에서 말하면 조용히 그
들에게 말씀했다.

> "제 손으로 돈을 벌지는 못할 테고, 돈을 꿔줘도 관리할 줄도

나는 사랑에 빚진 자입니다

수도교회는 격동의 1970, 80년대에 민주화운동의 대표적 산실이었다.

당시 이 나라의 중요한 기업체를 이끄는 기업의 총수가

그런 교회의 장로라는 것은 큰 모험이 아닐 수 없었다.

본인은 전혀 언급이 없으시지만 여러 가지로

정부의 압력이 있었으리라는 것은 쉽게 짐작할 수 있다.

모르는 사람들인데 이렇게라도 해야 밥이라도 먹고살 것 아닌가."

아주 오래 전 한국유리 초창기 때 최 장로는 인천판유리공장의 일용직 근로자들에게 무료로 점심을 제공했다. 한때 회사 사정이 어려워지자 아랫사람이 그 예산을 삭감해서 결재를 올렸는데 그분은 다른 예산을 절약하더라도 일용직 근로자들에게 점심은 계속 제공하라고 지시했다. 당시 그 한 끼가 그들의 유일한 식사였기 때문이다.

김 목사님은 10여 년 동안 그분이 다니는 교회의 교역자였지만, 교훈을 받고 배움을 얻은 사람은 오히려 자신이었다고 고백한다. 사모님조차 김 목사님께 자주 최 장로님을 좀 본받으라고 할 정도였다고 한다. 그 말이 전혀 기분 나쁘게 들리지 않았던 이유는 최 장로님이 사고와 마음과 행동이 조화를 이룬 분으로 온전한 그리스도인의 모델이라 할 만한 어른이기 때문이었다.

수도교회는 격동의 1970, 80년대에 민주화운동의 대표적 산실이었다. 당시 이 나라의 중요한 기업체를 이끄는 기업의 총수가 그런 교회의 장로라는 것은 큰 모험이 아닐 수 없었다. 본인은 전혀 언급이 없으셨지만 여러 가지로 정부의 압력이 있었으리라는 것은 쉽게 짐작할 수 있다.

박정희 정권 때는 어딘가로 불려가 며칠씩 조사를 받고 세무사찰도 심하게 받은 적이 있었다. 그분이 남모르게 장준하 씨를 정기적으로 돕고 있던 사실이 밝혀졌기 때문이었다. 그런데도 그분은

나는 사랑에 빚진 자입니다

그런 일에 크게 개의치 않는 편이었다. 외면은 유연하고 부드럽지만 속은 강하고 올곧은 성격이라서 옳다고 판단되면 상황이나 여건이 여의치 않음 같은 것은 크게 생각하지 않는 용기 있는 분으로 기억된다.

최 장로님은 험악한 시절 당신의 막내아들 주례를 손꼽히는 반정부목사인 김 목사님에게 부탁했을 정도로 소신을 지켰다. 반정부운동의 거점이 된 교회인 수도교회에서 김 목사님을 쫓아내라는 압력을 수없이 받았음에도 그분은 그 표시를 일절 하지 않았다.

기업을 환수하겠다며 박 정권이 사업을 하는 교회의 신자들에게 압력을 가했던 적이 있었다. 최 장로님도 예외는 아니었다. 견디다 못한 신도들이 모여 김 목사님을 내보내기로 결정하고 최 장로님을 찾아갔다. 정부에서는 압력을 넣다가 안 되니까 최 장로에게도 최후통첩을 한 것이다. 그분도 그 문제로 식음을 전폐하며 고민하고 있었는데 막상 신도들이 그렇게 결정하고 찾아오자 강하게 고개를 저으셨다고 한다.

"젊은 목사님이 정의롭게 살려고 애쓰는데, 우리 교회가 감당 못 하면 어느 교회가 감당하겠는가? 기업하는 사람에게 기업이 생명이듯 목사에게는 교회가 생명이야. 어떻게 목사보고 교회를 나가라고 할 수 있단 말인가? 나는 나이도 들었고 은퇴할 때도 다가오니 차라리 내가 기업을 그만두겠네."

그러고는 다시 나서서 사태를 수습했다.

또 한 번은 그런 식의 압력으로 인해 교회를 옮기자는 문제가 갑자기 대두되어 교회 내에 큰 갈등이 조성된 적이 있었다. 수도교회가 정부의 도시계획에 의해 철거대상이 되면서 교외로 이주하자는 움직임이 생겨난 것이다.

담임목사였던 김 목사님은 이 문제가 반정부집회를 자주 여는 수도교회를 이주시키기 위해 정부가 개입한 것이라고 판단했다. 그렇기에 응할 수 없었다. 교회는 선교적 문제에 의해서만 이주할 수 있다는 것이 김 목사님의 원칙이었다. 게다가 이 동네의 신자는 가난한 사람들이었다. 이곳을 버리라는 것은 그들을 버리라는 것과도 같았다.

결국 교회 근처에 땅을 사서 새로 건축하는 것이 낫다는 제안을 했다. 그러나 문제는 최 장로님을 비롯한 모든 신도들이 외곽으로의 이주를 찬성한다는 것이었다. 더군다나 최 장로님은 자기가 땅을 대고 건축비의 상당부분도 담당하겠다고까지 할 정도로 적극적이었다.

결과적으로 서로 대립하는 입장에 처하게 되고 교회가 양분되기 시작했다. 갈등이 그렇게 심화되던 어느 날, 최 장로님이 김 목사를 찾아갔다. 마침내 최 장로님이 양보한 것이다.

"원칙적으로 목사님이 맞습니다. 더 이상은 교회가 시끄러워서는 안 되겠습니다. 내가 건축위원장을 맡겠습니다. 사직동을 떠나지 맙시다."

그 순간 김 목사님은 그분이 얼마나 큰 사람인가를 알 수 있었다며, 자신은 이겼지만 졌고, 그분은 지고도 이긴 것이라 회상한다.

나는 사랑에 빚진 자입니다

기업에 대한 정부의 간섭이 유난스런 우리나라의 상황을 염두에 둘 때 이름난 반정부목사님이 시무하는 교회의 장로로 있으면서 그렇게 의연할 수 있었던 힘은 무엇이었을까?

아마도 당신의 인격에서 풍겨 나오는 권위에 있기 때문이다. 그를 친 사람이 있다면 오히려 그 사람이 부도덕한 사람으로 낙인찍힐 정도의 진실과 신용으로 쌓아온 일생을 사신 덕분이다.

최 장로님은 크고 동요가 없는 분이다. 또 몹시 세심한 분이다. 큰일을 하는 사람은 작은 일에 소홀하기 쉽다고 한다. 그러나 이분은 예외이다. 크고 한결같지만 작은 일도 적당히 넘어가지 않는 어른이다.

최 장로님은 생활이 어려운 학생들의 등록금을 부탁받은 적이 여러 번 있다. 그럴 때 아무개 학생의 등록금을 3년만 대달라는 조건이었다. 그러면 그 많은 학생들의 등록금을 학기마다 어김없이 제 날짜에 챙겨서 주었다.

김 목사님은 자신이 그분의 담임목사였지만, 가르침을 받은 사람은 오히려 자기였다고 한다. 신앙의 아버지로 마음에 담고 있는 것이다. 그 하나 된 인격과 신앙을 본받고 싶은 어른이 바로 최태섭 장로님이다.

강원용 목사와 크리스찬아카데미

우선 고(故) 강원용 목사님은 최태섭 장로님을 '늘 고마운 후원자'로 기억한다. 최태섭 장로님과 맺게 된 인연은 최 장로님뿐만 아니라 부인과의 인연과 더불어 참 오래되었는데, 특히 가까운 관계를 가지게 된 것은 크리스찬아카데미의 일을 시작하면서부터라고 했다.

크리스찬아카데미는 모든 이해와 의견을 달리하는 사람들의 잘못된 선입관과 편견에 사로잡혀 분열을 격화시키는 정신적인 태도를 개혁하고자 대화의 광장을 마련해 서로 대화하는 운동으로 시작되었다. 그런데 1962년부터 아카데미운동을 본격적으로 전개하려고 준비하는 과정에서는 재정적으로 많은 도움이 필요했던 것이다.

아카데미운동은 제대로 하기 위해서 아카데미하우스를 지을 필요가 있었는데, 다행히 평소에 존경하던 한국유리 최태섭 회장님과 동양그룹의 이양구 회장님에게 아카데미운동과 이에 따른 재정상의 문제를 이야기하자 힘닿는 데까지 돕겠다는 약속을 받았다. 두 분의 도움으로 수유리에 있는 6천4백 평의 대지를 마련할 수 있었다.

이렇게 마련한 땅에 독일 아카데미운동의 창시자 에벨하로트 뮐러 박사와의 인연을 계기로 독일교회의 도움을 받아 아카데미하우스를 짓게 되었고, 크리스찬아카데미는 1965년 5월 7일 정식으로 출범했다.

최 장로님은 교회를 단순히 돈으로만 돕는 것이 아니라 몸소 봉사해온 분이다. 최 장로님 내외가 중심이 되어 세워진 수도교회에서도 주님의 일을 맡은 한 사람의 장로로서 그 책임과 의무를 성실히 이행하는 선한 청지기의 모습을 보여주었다.

강원용 목사님이 최태섭 장로님을 존경하는 이유를 정리해보자면 다음과 같다.

첫째는 의리가 강하고 변함없는 우정을 지닌 그분의 성품 때문이다. 둘째는 교회의 한 평신도로서 교회와 기독교사업에 앞장서는 가장 모범적인 평신도 생활을 해왔고, 결코 자신의 재력을 뽐내지 않는 장로로서의 겸손함 때문이다. 셋째는 기업분야에 있어서도 정말 우리나라에 그런 철학을 가진 기업주가 얼마나 있을까 싶을 정도로 꾸준하고 깊게 한 가지 사업에 매진해 오신 그분의 기업가정신 때문이다.

이런 경제도움도 상당한 결심이 필요한 것이지만 정말 자신의 인생을 걸고 도와야 하는 일도 있었다. 최 장로가 그렇게 쉽지 않은 길을 가게 된 데에는 안타까운 우리 현대사의 아픔이 배경으로 깔려 있다.

민주화운동의 대부였던 강 목사님은 박정희 대통령 시절에 군사 정권으로부터 무척 곱지 않은 시선을 받을 수밖에 없었는데, 최 장로님이 끊임없이 관심을 가지고 보살펴주었다. 그 시절 정부가 견제하는 인물을 돕거나 가까이 한다는 것은 기업인으로서 상당한 위험부담을 안는 일이었다. 최 장로님은 당국으로부터 강 목사님과의 관계를 끊지 않으면 당신 기업에 상당한 지장이 있을 거라는 협박을 받곤 했다.

그럼에도 불구하고 최 장로님은 계속해서 강 목사님을 가까이에서 보살피셨고, 그로 인해 세금 관계 전표를 모두 조사받은 일까지 있었다. 언론을 통해 구설수에 올랐을 때는 기독교 내의 보수적 지도자들이 최 장로님을 찾아가 강 목사님과의 관계를 끊을 것을 종용하기도 했다. 그러나 최 장로님은 변함없이 강 목사님을 위해 변명해주고 계속 도와주었던 것이다.

독실한 기독교 신자로서 기독교의 모든 일에 그렇게 몸소 참여해 활동했을 뿐만 아니라 기업인으로서도 경영관과 철학이 뚜렷한 분이기 때문에 가능한 일이었다. 어떻게 해서든지 기업을 세워놓고 권력의 도움으로 특혜를 얻어 문어발 조직을 만들며 확장시키려는 생각이 만연한 한국 기업주들과는 다른 행보였다.

최 장로님은 정치색을 잘 안 드러내려 했고, 정치적으로 중립을 지키려고 하셨다. 그리고 기업을 경영하면서 어려운 때를 만나도 정권과의 결탁이란 건 전혀 찾아볼 수 없었다. 한국유리라고 하는

나는 사랑에 빚진 자입니다

기업을 천직으로 삼고 일생을 유리공업만 해왔지 소위 문어발식 사업확장은 일체 하지 않았기에 정치적 로비활동이 필요 없었는지도 모르겠다. 그것을 꾸준히 소신 있게 밀고 온 것이 기업주의 모범이 된 것이라고 생각한다.

이런 측면만 이야기하면 강단 있는 면모만 부각될 수 있지만, 최 장로님의 심볼은 바로 미소이다. 그분의 미소에는 조작이 없다. 그 미소는 꾸밈이 없고 마음에서부터 우러나오는 그런 미소인데, 따스한 애정을 느끼게 한다.

강 목사님이 최 장로님에 대해 기억하는 일화 중 하나는 다음과 같다. 최 장로님의 꽤 나이 든 이후에 운동 삼아 아침에 산책을 다녀오다가 얼음에 미끄러져 허리를 다친 일이 있었다. 가장 고통이 심한 수술로 척추수술을 꼽는다던데, 아프다는 소리 한 번 안 하시고 참아내는 것을 보면서 정말 뭔가를 품고 계시는 분이라는 생각을 했다고 한다.

더군다나 자신이라면 꼼짝 못하고 고정된 채 누워서 문병 오는 이들에게 미소를 지어주는 것은 하지 못했을 텐데, 답답하고 갑갑한 그런 상황에서도 미소를 머금고 계신 모습을 보았다. 그분의 평안한 마음이 전해져오는 것을 느낄 수 있었다.

말년에 회사일도 대부분 정리해서 후세에게 물려주고 편히 쉬셔도 될 터인데 당신이 맡은 크리스찬아카데미 고문에 대한 책임은 끝까지 감당하셨다. 이제는 나이가 많으시니 참석하지 않으셔도 좋다고, 단지 이름만 남겨달라고 부탁을 드리지만 이사회가 있는 날

이면 특별한 일이 없는 한 반드시 참석하시는 모습을 보았다. 말이 아닌 행동으로 진심을 보여준 최태섭 장로님의 큰 족적은 우리 신앙사에 있어 불후의 표본이다.

이영민 목사와 생명의 전화

    오랫동안 생명의 전화를 지켰던 고(故) 이영민 목사님은 최태섭 장로님을 '언제나 푸른 신앙의 거인'으로 기억한다. 언제나 밝고 긍정적이고 건강한 모습이었고, 청삼이라는 호가 정말 잘 어울리는, 늘 푸르게 느껴지는 위인이었기 때문이다.

    최 장로님은 불안과 궁핍과 혼란으로 얼룩진 우리 사회에서 기독교인의 사랑과 청지기 직분, 그리고 나눔의 기쁨을 생의 신조로 삼고 살았다. 그래서 삶의 현실 속에서 실망과 좌절의 물결이 들이닥쳐도 믿음으로 견디고 새 힘을 얻는 모범을 보였다.

    이 목사님은 많은 사람들의 삶의 모범이요, 신앙의 거인인 최 장로님에게 30여 년 동안 많은 사랑을 받았다고 했다. 이 목사님이 기독교장로회 총회의 총무가 되어 처음으로 최 장로님을 만나게 된 것은 1960년대 중반이었다. 연소하고 미숙한 자신이었지만 최 장로님은 교단 총무로 깍듯이 대하고 신학교를 위시해서 교단의 여러 일에 많은 도움말을 주었다고 했다.

사소한 일이지만 감동을 받은 일화가 있다. 당시 한국유리가 서소문 거리의 동화빌딩에 자리 잡고 있을 때였다. 늘 그렇듯이 여러 문제를 의논하고 도움을 얻고 돌아가는 이 목사님을 사장인 그가 직접 엘리베이터까지 배웅해주는 것이었다. 권위적이고 명예를 중시하는 사람이라면 그렇게 못했을 것이다.

그의 그런 자상함과 배려는 단순히 어떤 특별한 사람에게만 한정된 것은 아니었다. 1970년대의 한국은 여전히 가난하기만 했다. 교회 역시 예외는 아니었다. 그 무렵 재정이 어려운 교회와 개척교회의 많은 사람이 한국유리에 찾아오곤 했다. 당시 최 장로님이 출석하는 수도교회를 담임했던 목사님은 이렇게 증언했다.

"어떤 때는 하루에 30명이나 되는 사람들이 찾아오는데, 장로님은 그들이 상처를 입지 않도록 마음을 쓰며 살핍니다. 참으로 힘들고 피곤한 일일 텐데 말입니다."

이처럼 남을 생각하고 보살피는 분이기에 그가 오늘의 한국유리를 이룩했고, 사람들의 추앙을 받는 것이리라.

1973년 6월 아가페의 집이 서울 무교동 한 모퉁이에 문을 열었다. 얼핏 보기에는 다른 다방들과 다를 것이 없었다. 하지만 이 목사님과 동료들은 아가페의 집을 하루 평균 1천 명의 출입자를 위해

나는 사랑에 빚진 자입니다

커피와 음악과 예수님이 있는 거리의 교회로 만들고자 했다. 새로운 형태의 선교와 봉사활동을 시도하겠다는 뜻에 따라 세계교회협의회가 보내준 지원금으로 마련한 곳이었고, 그 수익금은 장차 전개할 생명의 전화 봉사운동의 준비를 위해 쓰이게 될 것이었기 때문이다.

당시는 유신정권 치하의 시절로 어려운 문제들과 시련이 많은 때였다. 그럼에도 그곳을 4년 동안 명맥을 유지시키며, 군사문화의 각박함과 어려운 현실 속에서 젊은이들에게 좋은 만남과 활동의 장소가 되었다.

그러던 아가페의 집이 도시 재개발 계획에 묶여 헐리고 코오롱 회사 건물이 그 자리 일대에 들어섬으로써 사라져버렸다. 당시 많은 이들이 안타까워했고, 신문에서도 이 문제를 다루며 아쉬워했다. 그때도 최 장로님은 생명의 전화 이사장과 함께 아가페의 집 존립을 위해 애를 많이 쓰셨다.

그 이후에 최 장로님은 20여 년 동안 생명의 전화 자원봉사 운동에 신념을 갖고 참여하며 앞장서 오셨다. 그 세월 동안 그는 이사회와 주요행사에 빠진 적이 없으니 그 진정성을 알 수 있다.

1979년 8월 어느 날, 어려운 의제의 이사회 모임에 그는 억수 같은 폭풍우를 무릅쓰고 참석하였다. 언젠가 이른 아침 식전에 이사회가 먼 거리의 개인 가정에서 개최되었을 때도 개의치 않고 참석하셔서 모두에게 힘이 되어주었다. 또 다른 어느 날 밤도 기독교회관에 위치한 의자도 변변치 않은 침침한 생명의 전화 방에서 이사회가 모여 어려운 재정문제를 나눌 때도 빠지지 않았다. 그는 그렇게 언제나 작은 일이라도 소홀히 하지 않았다.

그러면서도 최 장로는 언제나 긍정적이고 적극적인 모습이었다. 말씀이 적고 늘 다른 사람의 말을 경청했다. 그러면서도 지혜와 통찰력, 정확성은 탁월했다. 경청이 생명의 전화가 강조하는 자세임을 생각할 때 최 장로님의 성품이 이에 가장 걸맞는 것임에 틀림없었다.

더불어 최 장로님은 초창기부터 생명의 전화 봉사사역에 이름도 없이 얼굴도 없이 애쓰는 많은 봉사자들과 함께 아낌없는 재정적 지원으로 참여했다. 오늘의 생명의 전화를 이룩하기까지 그의 기여는 실로 컸다. 생명의 전화는 최 장로님과 한국유리에 많은 사랑의 빚을 지고 있는 것이다.

이 목사님에게 잊을 수 없는 사연이 있다. 그가 개인적인 이유로 미국에 가게 되어 1988년 여름, 서울올림픽이 열린 그 해에 이사회에 사의를 표명했다. 여행수속도, 미국 교포교회로부터의 요청에 따른 수속도 끝나 부임 날만을 기다리고 있을 때였다. 그런데 후임문제로 사임이 받아들여지지 않아 입장이 몹시 난처해졌다.

그런 와중에 최 장로님은 이 목사님을 그의 사무실로 청해 이야기를 나누자고 했다. 조용한 토요일 오후 아무런 격의 없이 깊은 이야기들을 나눌 때 이 목사는 자신이 처한 사정을 이야기했다.

나는 사랑에 빚진 자입니다

"나는 미국에 가야 할 입장입니다. 미국에 있는 우리 집 아이들이 하루 빨리 한국에서 생명의 전화와 관련된 책임을 끝내라고 합니다. 처음 시작한 사람 중의 한 명이기에 더욱 그렇다는 것입니다. 사실 이렇게 오래 몸담고 있는 것은 생명의 전화 발전에 그렇게 좋은 일은 아니라고 생각됩니다. 아직 좋을 때, 그다지 큰 실수가 없을 때 떠나는 것이 좋을 것 같습니다. 행여나 제가 머뭇거리다가 생명의 전화에 누를 끼칠까 염려됩니다. 나는 생명의 전화가 지금처럼 커지리라 생각을 못했고, 사무실에서 이토록 오래 일할 것이라고도 생각을 못했습니다."

그 말을 묵묵히 들은 최 장로님은 그의 인생철학과 믿음의 포부, 그리고 세계와 한국과 생명의 전화에 대한 소신을 담담하게 이야기하며 뜻을 바꿀 것을 권유했다.

"이 원장의 생각과 사정을 잘 이해합니다. 그러나 생명의 전화를 위한 이 원장의 사역은 아직 끝나지 않았다고 생각합니다. 창업에 참여한 사람에게는 어떤 시점까지는 본인이 원하든 원치 않든 헌신과 봉사가 요구됩니다. 그것이 하나님의 경륜과 섭리인 것 같습니다. 일에 있어서 오늘까지 잘되어간다 해도, 내일 일이 잘못되는 경우 전임자 탓을 하는 것도 마찬가지입니다. 우리 회사의 경우도 그것과 꼭 같다고 생각하며 나는 삽니다.

한국유리에는 많은 직원이 있습니다. 큰 회사라고 생각할 수 있습니다. 생명의 전화는 사람들에 따라 작게 생각할 수 있지만 그 의미는 한국유리보다 값있고 큽니다. 나는 한국유리가 내 소유라고 생각하지 않습니다. 나는 단지 하나님이 내게 맡겨주신 것에 대한 관리자요 청지기일 뿐입니다. 이 원장님께도 그처럼 생명의 전화에 대해 하나님의 뜻이 있으리라 여겨집니다."

결국 그 토요일 오후의 만남은 이 목사님의 미국행 계획을 무효로 돌리는 데 결정적인 계기가 되었다. 그 깊이와 크기를 가늠할 수 없이 거대한 최 장로님의 인품은 실제 키가 작은 편에 속하는 외양과 반대되기에 더욱 부각된다. 말 그대로 언제나 푸른 신앙의 거인이었다.

나는 사랑에 빚진 자입니다

조영식 총장과 육영사업

　고(故) 조영식 총장님은 최태섭 장로님을 '진정한 기독실업인'으로 기억했다. 수많은 교육기관을 후원하며 우리나라를 이끌어갈 인재를 육성하는 데 혁혁한 공로를 남긴 최 장로님의 업적이 워낙 크기 때문이다. 조 총장님은 일찍이 교육계에 몸담아 살면서 많은 사람들과 다양한 만남을 가져왔지만 특별히 최 장로님과의 만남은 참으로 소중하고 아름다운 것이었다고 했다.

　최 장로님은 일제가 우리 민족을 사슬에 옭아매던 1910년, 경술국치가 일어나던 그 해에 태어났다. 그 후 지금까지 온갖 풍상의 세월을 견디면서 조국을 위해 한 줌 소금이 되고자 최선의 노력을 다한 분이다. 또한 굳은 신앙심을 가지고 사회에 참된 기독교인의 향기를 드러낸 진정한 기독실업인이기도 하다.

　최 장로님은 23세의 젊은 나이에 민족 자본 육성의 웅지를 품고 이국 만주 땅으로 건너가 갖은 어려움과 맞서며 당당하게 삼흥실업

인촌상 수상을 기념하며 오른쪽엔 한경직 목사님이 축하해주셨다.

최 장로님은 하나님의 청지기로서 기꺼이 빛과 소금이 되고자 일생을 살아왔다.
그 결과 그분의 노력은 한 기업을 뛰어넘어
우리나라 경제계의 발전을 위해서도 뚜렷한 공적을 세웠다.
한국기독실업인회, 전국경제인연합회, 상공회의소 등을 이끄시면서
건전한 기업 문화 창달과 한국 경제 진흥을 위해 헌신적인 노력을 다하셨음은
국민훈장 모란장을 위시하여 참경영인상, 인촌상, 유일한상, 경제정의기업상,
한국경영자대상 등 수많은 명예가 수여됨을 보아도 잘 알 수 있을 것이다.

이라는 민족기업을 창업, 육성했다. 여기서 벌써 최 장로의 참신한 애국심과 범상치 않은 경영능력을 엿볼 수 있다.

1945년 해방의 기쁨도 잠시, 1950년 대한민국은 다시 6·25전 쟁이라는 유래를 찾아볼 수 없는 동족상잔의 비극을 겪게 되었다. 그 후 우리나라는 금세기 안에는 경제적인 자립이 불가능하다고 낙 인찍힐 정도로 극한 어려움에 처하게 되었다. 이러한 폐허 위에서 최 장로님은 당시 생소하기만 했던 판유리산업에 뛰어들어 유리산 업을 육성하는 데 각고의 노력을 다했다. 그 결과 한국유리를 세계 10대 판유리기업의 대열에 올라서는 쾌거를 이룩했던 것이다.

사람들은 최 장로님의 이런 성공에 대해 어떤 특별한 비결이 있 지 않을까 궁금해하기 마련이다. 이에 대해 조 총장님은 최 장로님 에게는 아무리 어려운 때에도 사욕에 치우치지 않는 기업관과 굳은 신앙심을 토대로 한 청교도적인 단아한 인생관이 있었기 때문에 가 능했다고 추정했다.

최 장로님은 신용과 정직을 생명처럼 여기고 살아왔다. 당장 눈 앞에 보이는 이익을 위해 신뢰를 저버리지 않았다. 그리고 그렇게 이룩한 기업의 이익을 기꺼이 사회와 이웃에 환원했다. 사랑이 필 요한 곳이라면 어디든 달려갈 준비를 갖추고 계신 분이었다. 그러 한 그분의 진솔하고 해맑은 인품이 한국유리라는 기업을 성공적으 로 이끌어온 힘일 것이다.

1980년대 들어 우리 사회는 민주화를 이루어가는 과정에서 많은 갈등을 겪었다. 특히 봇물처럼 터진 노사갈등은 기업가와 노동자 모두에게 혹심한 시련을 주었다. 그러나 그러한 혼란 중에서도 한국유리는 가장 모범적인 노사관계를 정립하여 산업평화를 이룩하고 회사발전을 향해 한길로 매진했다. 그것은 바로 최 장로님의 청렴한 경영주의 기업관과 그 정신을 따라 합심해 노력한 한국 유리 가족들의 애사심 때문이라고 생각한다.

이러한 최 장로님의 기업관과 함께 우리가 간과할 수 없는 것이 그분의 투철한 봉사와 박애정신이다. 최 장로님은 청각장애인, 시각장애인, 심신장애자 등 사회에서 소외되고 무관심과 멸시의 대상으로 여겨지던 그들에게 자신의 친혈육을 대하는 것처럼 따뜻한 사랑의 손길을 베풀어주었다.

특히 1989년 조직된 한국국제기아대책기구의 초대회장을 맡으면서 그분의 사랑과 봉사정신은 사회적으로 크게 주목을 받게 되었다. 80대의 고령에도 불구하고 어느 젊은이 못지않게 열성적인 활동을 벌여 한 해에 2백만 달러의 기금을 모을 정도로 커다란 성과를 거두었다.

이러한 최 장로님의 나눔의 정신은 봉사는 자기가 쓰고 남은 잉여의 베풂이 아니라 자신에게 없어서는 안 될 소중한 부분을 나누어주는 데 더 큰 뜻이 있다는 것을 잘 깨우쳐주고 있다. 그리고 그 정신은 물질 만능 풍조에 젖어 극단적인 이기주의에 사로잡혀 있는 현대인들에게 실천적인 교훈과 함께 큰 도전을 안겨주고 있다.

나는 사랑에 빚진 자입니다

최 장로님은 하나님의 청지기로서 기꺼이 빛과 소금이 되고자 일생을 살아왔다. 그 결과 그분의 노력은 한 기업을 뛰어넘어 우리나라 경제계의 발전을 위해서도 뚜렷한 공적을 세웠다. 한국기독실업인회, 전국경제인연합회, 상공회의소 등을 이끄시면서 건전한 기업 문화 창달과 한국 경제 진흥을 위해 헌신적인 노력을 다하셨음은 국민훈장 모란장을 위시하여 참경영인상, 인촌상, 유일한상, 경제정의기업상, 한국경영자대상 등 수많은 명예가 수여됨을 보아도 잘 알 수 있을 것이다.

또한 경영인으로서 탁월한 경륜을 바탕으로 육영사업에도 남다른 열성을 보여주었으며, 경희대학교, 상명여자대학교(현 상명대학교), 오산중고등학교, 신일중고등학교, 아세아신학대학교 등의 재단 운영에도 큰 공헌을 했다. 그리고 국가의 앞날을 짊어질 어린이들의 교육의 중요성을 생각하여 청삼아동문제연구소를 설립, 유아교육 프로그램 계발을 지원한 것도 잊지 말아야 할 업적이다.

여기서 최 장로님이 우리 사회에 기여한 큰 공로를 살필 때 빼놓을 수 없는 부분이 한 가지 더 있는데, 그것은 부인 김성윤 여사님의 자상한 내조이다. 어쩌면 최 장로님이 이루어놓은 업적의 반은 분명히 김 여사님의 몫이라고 확신할 수 있다.

대기업 창업주의 반려자로서 자녀 모두를 훌륭한 사회인으로 성장시키고 최 장로님을 뒷바라지해온 김 여사님의 내조를 생각해보면 그야말로 현대의 신사임당을 보고 있다는 느낌이 든다.

조 총장님의 회고에 따르면 항시 대면할 때마다 깨닫는 바이지만 온화함과 부드러움으로 상징되는 여성스러움과 그에 더하여 깊은 통찰력과 폭넓은 이해심을 두루 갖추신 김 여사님을 볼 때 두 분이야말로 참으로 하나님께서 맺어주신 천생배필이라는 생각을 떠올리게 된다. 이러한 두 분 삶을 되새기는 것만으로도 많은 사람들에게 더 큰 희망과 교훈을 줄 수 있을 것이다.

나는 사랑에 빚진 자입니다

정정섭 장로와 한국기아대책기구

　한국기아대책기구 활동을 할 때 도움을 많이 받았다고 회상하는 정정섭 장로님은 최태섭 장로님을 '우리가 존경하고 따를 만한 어른'이라고 확신한다. 우선 최 장로님을 생각할 때 맨 먼저 떠오르는 것은 그분의 겸손이라고 한다.

　정 장로님이 최 장로님을 처음 만난 것은 1966년 6월이었다. 그 때 정 장로님은 지금의 전국경제인연합회 전신인 한국경제인연합회에 신입직원 공채 2기로 들어갔고 최 장로님은 부회장직을 맡고 있었다.

　그해 조세의 날, 세종문화회관에서 기념식이 있었다. 정 장로님의 입사 동기 중 한 사람이 그 어른을 식장의 단상으로 모시는 역할을 맡았는데, 시간이 다 되어가도록 최 장로님이가 도착하지 않으니까 담당자가 왔다갔다 하다가 그만 단상으로 모시지 못했다.

　행사가 끝나고 사무국에서 전경련 부회장이 단상에 앉지 않고 단 아래에 앉아 계셨다고 난리가 났다. 담당직원까지 배치했는데 단상으로 모시지 못했다며 사무국장이 화가 나서 야단친 것이다.

"당신 같은 사람은 필요 없다. 부회장 하나 모시지 못하는 사람이 뭘 하겠느냐?"

그런데 잠시 후에 최 장로님이 사무실로 들어왔다. 아마도 사무국의 소란을 어떤 경로를 통해 들으셨던 게 아닌가 싶다.

"내가 윗사람 노릇을 잘못해서 미안합니다. 단상에 자리가 마련되어 있는데, 내가 그걸 모르고 아래에 내려가 앉아 있었습니다."

자기가 어른 노릇을 잘못해서 생긴 일이라고, 미안하다고 하던 말씀이 그분의 인품을 잘 드러낸 일화이다.

한번은 이런 일도 있었다. 기아대책기구 일로 협조를 구할 겸 보사부 관리들과의 모임을 주선한 적이 있었다. 저녁식사 자리였는데, 최 장로님도 약속 장소에 나왔다. 그리고 이렇게 말씀했다.

"나오려는데 머리가 어찌나 아픈지, 지금 병원에 가서 주사 맞고 약 먹고 오는 길인데, 아무래도 도로 집으로 가서 좀 쉬어야 할 것 같습니다. 죄송합니다."

보통 사람 같으면 자신이 어른이니까 전화를 해서 머리가 아파서 못 나가겠다고 해도 아무런 문제가 없었을 텐데, 이분은 그렇게 하지 않았다. 사무실에서 일하는 손자손녀뻘 되는 말단사원에게도 그렇게 자신을 낮추실 수가 없었으니 이 어른처럼 겸손하고 신실한 사람은 드물다.

나는 사랑에 빚진 자입니다

국제기아대책기구 책임자로 일하게 된 최 장로님의 기사

이 시대는 참으로 존경하고 따를 만한 어른이 없다고 하는데,
최 장로님은 우리가 존경하고 따를 만한 어른이다.
사람들이 그분을 존경하는 것은
단지 성공한 기업인이기 때문이 절대로 아니다.
성공한 기업인은 많다. 최 장로님은 단순한 기업인이 아니라
삶을 본받을 만한 참 어른이었다.

더군다나 최 장로님은 참으로 온유한 사람이다. 정 장로님이 한 국유리의 간부들과 식사를 같이 할 기회가 있었는데, 그때 그 회사의 부사장이 이런 말을 하는 걸 들었다.

"28년 동안 곁에서 모셔 오는 동안 단 한 번도 언성이 높아진다든가 얼굴 붉히시는 모습을 본 적이 없습니다. 회장님이라고 어떻게 아랫사람이 다 마음에 들겠어요? 그런데도 그분은 도무지 직원들을 함부로 대하지 않으시는 겁니다."

생각해보면 쉽지 않은 일이다. 밖에 나가서 모르는 사람한테 잘하기는 쉽지만 아무리 좋은 사람도 가까이 있는 사람에게는 더러 치부를 보이기도 하는 법이다. 더구나 회사를 이끌어가는 책임자로서야 오죽 참기 힘든 일이 많았을지 미루어 짐작할 수 있다. 그런데 매일 얼굴을 맞대고 지내는 측근이 한두 해도 아니고 곁에서 모셔 온 28년 동안 단 한 차례도 언성이 올라간 걸 본 적이 없다는 것은 놀라운 일이다.

뿐만 아니라 최 장로님은 일을 맡으면 누구보다 책임감 있게 열심히 한다. 기아대책기구를 세우고 1990년에 처음으로 모금을 하는데, 그때 전체 모금액이 1억 8천만 원이었다. 그 가운데 3분의 1인, 6천5백만 원 정도를 최 장로님이 손수 모금을 했을 정도이다. 여든을 넘긴 노인이 기업인들을 직접 찾아가서 점심을 먹으며 부탁하고, 전화를 돌려 부탁하는 모습을 보면서 주위 사람들이 깊은 감명을 받았다. 자기 일도 아니고 남을 도우려는 일을 그렇게 헌신적으로 책임감을 가지고 매달리는 걸 보면서 참 대단한 어른이라는 생

나는 사랑에 빚진 자입니다

각이 들 수밖에 없다.

다른 사람한테 "이렇게 해라, 저렇게 해라" 지시는 잘하면서 정작 자기 자신은 실천하지 못하는 사람들이 많다. 특히 윗사람이 되면 더 그렇게 되기 쉬운 법이다. 그런데 최 장로님은 말만 하는 사람이 아니고 몸 전체로 일하는 분이다. 솔선수범과 희생정신이 몸에 밴 사람이라고 할 수 있다.

그분이 주도했던 조찬기도회가 있는데, 매주 목요일 아침 7시 30분에 모였다. 다들 바빠서겠지만 다른 어른들은 많이 빠지기도 했다. 그런데 최 장로님은 해외 출장으로 국내에 없었던 한두 번을 빼고는 빠진 적이 없었다. 언제나 그렇게 한결같았던 것이다.

기아대책기구가 급속도로 성장한 데는 최 장로님의 공이 가장 크다고 할 수 있다. 그분의 헌신적인 노력 못지않게 '최태섭'이라는 이름이 신용과 성실의 상징이라 크게 기여를 했기 때문이다. 사람들이 최 장로님이 하는 일이면 틀림없다고 하면서 도와주었다.

전경련에서는 총리를 비롯하여 각료들을 초청해 간담회를 하는 일이 잦았는데, 그때 보면 말하기가 까다롭고 어려운 문제는 모두 최 장로님에게 해달라고 부탁하곤 했다. 왜 그러냐면 재벌들이나 기업인들은 각료들한테 한번 잘못 보이면 어려움을 당하게 되고 큰일 나기 쉬웠다. 그러니까 다들 껄끄러운 말은 하지 않으려고 할 수밖에 없는데, 최 장로님이 워낙에 말씀을 부드럽게 하면서도 해야할 내용을 빠뜨리지 않고 전달하는 특별한 지혜를 가지고 있었기

1965년대부터 시작된 국가조찬기도회를 최 장로님은 빠짐없이 참석하셨다.

그분이 주도했던 조찬기도회는 매주 목요일 아침 7시 30분에 모였다.
다들 바빠서겠지만 다른 어른들은 많이 빠지기도 했다.
그런데 최 장로님은 해외 출장으로 국내에 없었던 한두 번을 빼고는
빠진 적이 없었다. 언제나 그렇게 한결같았던 것이다.

때문이다. 절대로 상대방의 마음을 상하지 않게 하면서 자기가 하고 싶은 이야기를 다 하기란 쉬운 일이 아닌데 이분은 그런 지혜를 가졌다.

이 시대는 참으로 존경하고 따를 만한 어른이 없다고 하는데, 최 장로님은 우리가 존경하고 따를 만한 어른이다. 사람들이 그분을 존경하는 것은 단지 성공한 기업인이기 때문이 절대로 아니다. 성공한 기업인은 많다. 최 장로님은 단순한 기업인이 아니라 삶을 본받을 만한 참 어른이었다.

제4부

수도교회 성도들이
기억하는 최태섭 장로님

권오성 목사

권오성 목사님께서 지금 발칸반도를 여행 중이고 일정상 이동
상 이동이 많아, 글을 써주시지 못해 안타깝다고 하셨습니다. 최
태섭 장로님과 오랜 세월 함께하신 추억을 전화로 말씀해주셔서,
그 내용을 정리했습니다.

"29살에 목회자가 되어 장로님을 뵈러 여의도에 심방을 마치
고 나오는 길에 주차장까지 나오셔서 떠나가는 모습을 지켜보고
계시던 모습은, 젊은 목회자의 마음에 큰 울림을 남겨주었습니다.
또한 지금의 사랑의학교가 된 부지가 별안간 급매로 나와서
그 부지를 사서 장애인을 위한 공간으로 사용하고 싶다는 의견을
피력하자 장로님께서 문보혁 장로님을 설득하셔서 어느 교인에
게도 부담없이 그 터를 사서 청포선교관을 설립하셨습니다. 의견
을 내놓으면 책임감을 가지시고 목회자가 편하게 목회할 수 있도
록 해주셨기에 그 고마움을 이룰 말할 수 없습니다. 손자뻘에 해
당했을 젊은 목회자를 신앙적으로 인격적으로 존중해주셨던 모

습도 기억에 남습니다.

교인들의 사정을 전하면 경제적인 문제나 질병의 문제나 어려운 문제들을 소리 소문 없이 해결해주셔서 든든했습니다. 장로님에 대한 아름다운 추억은 헤아릴 수 없으나 당회나 재직회, 공동의회에서 의견이 나뉠 때도 양쪽의 얘기를 끝까지 듣고 최종적으로 납득할 만한 의견으로 끌어모아주신 것도 잊을 수 없는 일입니다.

그런 장로님께서 경희의료원에서 하나님의 부르심을 받았을 때 저를 비롯하여 온 수도교회 성도가 교회의 기둥이 무너진 듯 안타까움을 어찌 추스릴지 모르고 장례식을 치렀고 이후 매년 추도식을 함께했습니다. 인자하게 웃는 모습이 너무도 그립습니다."

손녀 김원정

참으로 한없이 다정하시고 따뜻하셨던 분이셨습니다. 저의 어린 시절 후암동 할아버지댁에서의 많은 기억들이 있습니다. 그중

특히 마음속 깊이 남아있는 몇 가지 기억 중 하나입니다. 1960년도 말, 할아버지는 일본으로 자주 출장을 다니셨습니다. 그 당시 저는 초등학교 2~3학년이었던 듯합니다. 제가 다니던 사립 초등학교에는 만화가 그려진 일본 연필, 책받침, 지우개, 필통들을 가지고 있는 아이들이 많았습니다. 일본 연필은 부드러우면서도 단단해서 공책에 아주 잘 써졌지요. 그리고 지우개 또한 힘을 주어 지워도 공책이 찢어지는 일 없이 너무 잘 지워졌습니다. 게다가 캔디 같은 만화 캐릭터가 그려져 있는 필통은 정말 예뻤습니다. 저는 그런 것들을 갖고 있는 친구들이 너무도 부러웠습니다.

어느날 일본으로 출장 가시는 할아버지께 그런 것들을 사다 달라고 했습니다. 그때 할아버지의 말씀은 정말 충격적이었습니다. "우리나라에는 연필이 없니?"라고 물어보시는 것이었습니다. 그때 우리는 건설연필이라는 걸 썼는데, 흑심이 너무 단단해 글자를 쓰면 공책이 찢어지기 일수였습니다. 당시 전 우리나라 연필은 너무 거칠어 쓸 수가 없다고 했더니, "그래도 우리의 것을 써야 한다"라고 하시면서 그냥 쌩 하고 가버리셨습니다. 그때 어린 저로선 충격적이었고 너무 야속했습니다.

나는 사랑에 빛진 자입니다

하지만 이 작은 에피소드는 제가 성장해가면서 할아버지가 가지셨던 신념과 이념을 알 수 있는 소중한 순간으로 남아 있습니다. 그리고 아버지가 할아버지께 받은 편지를 수첩에 보관하시고 다니시면서 그 말씀을 새기며 사신다는 걸 알면서 저 역시 하나씩 할아버지의 삶을 존경하게 되었습니다. 다른 사람들은 할아버지를 재벌이라고 했고, 그런 사람의 가족들 또한 그런 지위를 누리면서 사는 자들이라 여겼을지 몰라도, 초등학교 어린 아이에게 주신 할아버지의 간결하고도 명확한 교훈은 60년을 살아온 저에게 늘 함께하고 있습니다. 우리나라의 제품을 사용하는 게 애국하는 가장 최고의 실천적 삶이라는 것!

손자 최수찬

매주 일요일은 할아버님을 찾아뵙는 날이었습니다. 숙환으로 자택을 떠나 병원에 머무시기 전까지 거의 매주 조부님댁을 방문했습니다. 제가 살펴본 주일날 할아버님의 '동선'은 매우 단순했습니다. 이른 아침 마당이나 주변에서 간단한 운동과 식사를 마치시고, 40여 년간 섬겨오신 교회로 향하십니다. 예배를 드리고 교인들과 오찬을 하신 후에는 목욕하러 가셨습니다. 늦은 오후쯤 귀가하셔서는 서재에 계시다가 저녁을 드셨고, 10시 반경 취침 준비를 하셨습니다.

여느 사람들과 크게 다름없는 일상이지만, 어린 손자에게는 할아버님의 삶과 철학을 엿볼 기회였습니다. 먼저 아침을 여는 부지런함입니다. 건강이 악화되기 전까지 날씨가 허락하는 한 단하루도 아침 운동을 거른 적이 없으셨습니다. 돈이나 시간적인 여유가 생기면 나태함이 생길 법도 한데 할아버님은 예외셨습니다. 주님께 드리는 예배는 타협할 수 없는 최우선 순위였고, 출장을 가시더라도 교회를 찾아 주일을 지키셨습니다.

오찬 때 교인분들께 건네는 따뜻한 미소와 인사는 할아버님의 '전매특허'였으며, 크고 긴 귀를 가지신 만큼이나 이웃들의 아픔을 경청하고 위로를 잊지 않으셨습니다. 자주 하시는 목욕과 이발, 손 씻는 모습 등을 뵈면서 혹 결벽증이 있으신가 하는 생각이 든 적도 있었지만, 내면으로나 외적으로나 정결함에 대한 소망이

나는 사랑에 빚진 자입니다

있으셨던 듯합니다.

저녁이 준비됐다는 것을 알려드리기 위해 2층 서재로 올라가면, 기도 중이시거나 무언가 글을 적고 계셨는데, 항상 이면지와 볼펜 대를 꽂아 만든 몽당연필을 사용하셨습니다. 서재는 난방이 잘되지 않아 겨울철에는 두꺼운 코트를 입고 계셨습니다. 《성경》 구절과 안중근 의사의 유묵 등을 담은 액자를 보면서 다시 계단을 돌아 내려와 식탁에 앉으면, 두부, 생선, 나물 위주의 가벼운 식사가 준비돼 있었으며, 과식이나 과음하시는 모습은 한 번도 뵌 기억이 없습니다. 언제나 근검절약하고 자기절제가 강한 분이 셨음을 다시금 상기합니다.

할아버님께서 소천하신 지 거의 사반세기가 지났지만, 지천명을 훌쩍 넘은 손자의 머릿속에 고인의 모습은 아직 생생하기만 합니다. 할아버님에 대한 사무치는 그리움은 이제 그만 내려놓고, 고인께서 남기신 근면과 성실, 검소와 절제, 정직과 신용, 봉사와 사랑, 그리고 하나님을 향한 '청지기의 삶'을 늦었지만 조금씩 실천해보고자 합니다. 이로써 하나님께서 할아버님을 통해 세상에 선포코자 했던 말씀을 일부나마 깨우칠 수 있기를 소망합니다.

하나님, 감사합니다. 할아버님, 사랑합니다.

강환우

강환우 장로님이 병원에 계셔서 전화로 여러 차례 통화한 내용을 정리하여 싣습니다.

"공동의회와 재직회 그리고 당회에서 최태섭 장로님이 보여주신 온화함과 경청의 자세는 늘 귀감이 되었습니다. 그분의 인내와 지혜가 아니었으면 큰 난관에 봉착할 문제들이 적지 않았기에, 지금도 힘든 일을 겪을 때면 여전히 생각나고 그립습니다."

안영신

"잘 왔어요. 잘 왔어." 1980년대 초 수도교회에 첫 발을 내딛는 저희 가족에게 장로님께서 환영의 말씀을 해주셨습니다. 최 태섭 장로님께서는 지금은 세상을 떠나신 제 아버님 안상용 장로님과 기장 교단의 장로로서 또 YMCA 연맹 이사로서 친분이 있으셨고, 저희는 수도교회에 최태섭 장로님을 뵙기 전에 제 아버님을 통하여 장로님에 대하여 조금은 알고 있었습니다.

장로님께서는 주일 예배를 드린 후 교회 입구에서 성도들에게 항상 밝고 환한 웃음으로 인사를 해주셨습니다. 저를 보시면 언제나 제 아버님의 안부를 물어보시며 얼굴 가득 환한 웃음으로 저희 가족이 수도 교회에서 믿음을 이어갈 수 있도록 인도해주셨습니다.

장로님께서 동대문구에 위치한 모 대학병원에 입원하셨을 때 제 아버님을 모시고 문병을 갔습니다. 장로님께서는 힘드신 중에도 환한 웃음으로 제 아버님을 맞아주셨고 두 분이 조금은 긴 시간 담소를 나누셨습니다. 장로님의 쾌유를 구하는 제 아버님의 기도에 감사를 표하시며 손을 꼭 잡으셨습니다.

수도교회 예배 중에 가끔 최태섭 장로님에 대한 말씀이 나오면 저는 언제나 환한 장로님의 얼굴을 떠올립니다. 어떤 말로도,

어떤 글로도 장로님의 성품을 표현하기 힘듭니다.

평생 사랑에 빚진 자로 살았다 하셨지만 이 나라가, 수도교회의 성도들이 지금은 하나님 나라에서 영원히 살고 계시는 장로님께 사랑의 빚을 졌습니다. 그런 믿음을 닮아 가는 수도교회 성도들과 이 땅의 그리스도인들이 더 많아졌으면 하는 바람과 함께 장로님의《나는 사랑에 빚진 자입니다》책을 다시 읽으렵니다.

황의한

모든 사람을 배려하며 의견을 경청하신 분이셨습니다 . 제직회 안건 토론할 때에도 직분과 나이에 상관없이 많은 의견이 개진되어 갑론을박할 때도 좌우치우침없이 인내하시며 경청하시고, 장로님 의견도 피력시하며 최선의 방안을 돌출할 수 있게 항상 배려 해주셨습니다. 장로님의 이런 모습이 이후 수도교회 제직회의 전통이 되었다고 생각합니다.

또한 대의에 따라 행동하며 편견 없는 분이셨습니다. 모든 일을 결정할 때 가장 기본이 되는 취지가 무엇인지 먼저 생각하고 원칙에 따라 당장 불편과 손해가 발생해도 장기적인 안목으로 언제나 기본에 충실한 결정을 하셨습니다. 정말 본이 되는 삶을 보여주셨습니다.

최호림

장로님은 하나님과 교회를 섬기는 일이 첫 번째였습니다. 무슨 일이 있어도 섬기는 교회에서 주일성수하신 분이셨습니다. 장로님은 사랑을 몸소 실천하신 말과 행동이 같으신 분이셨으며, 이 시대의 큰 스승이자 큰 어른이셨습니다.

장로님은 정직과 신용으로 기업을 이끄신 분이셨습니다. 기업의 회장으로 장로님만큼 정직하신 분이 있을까요? 저희 후생들에게 귀감이 되는 삶을 살다 가셨습니다.

장로님은 누구에게나 귀천을 떠나서 인격으로 대하신 분이셨습니다. 제가 교회 일로 회사로 찾아뵈면 반겨 손잡아주시고 돌아올 때 문밖까지 나와서 배웅해주셨습니다. 더욱이 차량까지 내주는 배려에는 몸 둘 바를 몰랐습니다.

　장로님을 생각하면 감사하고 그립습니다.

박도남

　최 장로님은 1965년 3월 15일 제 결혼식에 외국에 계신 아버님을 대신하여 결혼식장에서 가족인사를 해주셨고 이후 늘 인자하신 아버지처럼 저희 가족을 챙겨주셨습니다. 그리고 생명의 전화 이사장님으로 계시면서 1998년 돌아가실 때까지 행사 때마다 뵈면 늘 격려해주시고 사랑을 전해주셨습니다. 장로님을 가까이 뵈면서 늘 마음에 새기고 존경스러워 했던 점은 사업차 외국에 가셨다가도 꼭 주일성수를 위해 수도교회에서 예배를 참석하셨던 모습을 보고 꼭 본받고 싶었습니다.

이정순

검소하고 사랑이 많으신 최태섭 장로님 교회 예배드릴 때 옷은 항상 같은 옷을 10여 년 정도 입으신 것 같습니다. 그리고 항상 국산 자동차를 타시며 교인이나 개척교회, 회사가 도움을 요청하면 언제나 빈손으로 돌려보내지 않으신 자애로우신 장로님 셨습니다. 제가 그 당시 평신도로 교회에 다닐 때인데도 병명을 몰라 여러 병원을 헤매다닌 걸 아시고 경희의료원을 소개해주신 자상하신 장로님이십니다.

또한 저와 김용택 안수집사의 자녀인 세연이는 견신례 후 사진을 함께 찍어주신 분으로, 호연이는 수도유치원 다닐 때 어린이날 행사에서 상장을 주신 분으로 온가족이 기억합니다. 무척이나 그립습니다.

기독인에게 다시 필요한
따뜻한 리더십

바이북스의 자회사 여우고개에 《최태섭 - 유리처럼 맑은 기업을 꿈꾸다》라는 책을 통해 한국유리를 경영하신 최태섭 회장님을 알게 되었습니다. 그리고 이 책 《나는 사랑에 빚진 자입니다》을 편집하면서 크게 감동을 받았습니다. 정말 마음속 깊이 감동했습니다.

여러 가지 훌륭한 점들이 있지만 21세기를 사는 우리들에게 가장 필요하다고 생각되는 것은 그분의 조용하고 따뜻한 리더십이 아닐까 생각해봅니다. 자신의 생각과 의견을 마음대로 표출할 수 있는 1인 미디어 시대를 사는 오늘날이지만 정작 귀 기울여 들을 말들은 없이 그저 자기 주장만 넘칠 뿐입니다. 그러니 본받고 따라갈 이 시대의 어른도 없는 이때 최태섭 회장님 같은 리더십이 우리 사회에 꼭 필요하지 않을까요? 따라서 최태섭 회장님이 이러한 리더십을 가질 수 있었던 이유를 다음과 같이 정리해보았습니다.

첫째, 좋은 만남과 좋은 인간관계를 통해 그의 인성이 형성되었다고 할 수 있습니다.

가장 높이 사는 점은 적지 않은 규모의 대기업을 이루었지만 요란하지도 않고 정치와도 영합하지 않고 자신의 길을 한결같이 걸어가셨다는 점입니다. 그럴 수 있었던 것은 그의 성품이 바르고 겸손하고 성실한 데도 있겠지만 중요한 만남을 가진 행운아였기 때문이라고 생각합니다.

그가 오산학교와 거기에서 만난 우리 민족의 지도자 남강 이승훈 선생과 고당 조만식 선생과의 추억을 제일 첫 장으로 할애한 것만으로도 그에게 그 만남이 얼마나 크고 중요한 일이었는지를 알 수 있었습니다. 거기서 그는 민족과 조국을 사랑하는 애국심을 키웠습니다.

그리고 또 하나 어릴 때부터 다닌 교회를 통해 사랑의 정신을 배웠습니다. 이 두 가지 정신적 만남은 그가 대기업을 이룰 수 있는 큰 마음을 키워서, 단란한 가정과 인간관계를 성실하게 이끌 수 있는 바탕이 되어주었다고 생각합니다.

일본의 패망으로 만주를 팔로군이 지배하게 되었을 때 인민재판을 받고 공장을 빼앗기자, 그 공장이 궁금해서 다시 돌아갈 때 함께 따라가 그를 변호해주던 중국인 친구 유성동이라는 사람이 최태섭 회장님에게 보여준 신뢰는 아무나 가질 수 있는 신뢰가 아니었습니다.

이러한 만남들을 통해 그의 내면은 사람에 대한 신뢰와 애정을 뿌리 깊게 내리게 되었다고 생각합니다.

둘째, 경험을 통해 얻은 삶의 철학을 갖고 흔들리지 않는 성실한 삶을 살았습니다.

만주에서 비누 제조업을 하던 동화공창 초창기 자신을 속인 이씨의 딱한 사정을 이해하고 받아들였습니다. 나중에 이씨가 감사와 성실로 보답함으로써 비누제조에 성공하고 사업적으로도 번창하게 된 경험을 통해 그는 사람을 진실로 용서한다는 것이 무엇인지를 배웠습니다.

그리고 무역회사 운영 당시 자신의 이익을 포기하고 중국 상인에게 보여준 신뢰로 더 큰 신뢰와 사업의 성공을 가져온 경험을 통해 그는 평생 정직과 신용을 흔들리지 않는 삶의 철학으로 다졌습니다.

월남 후 한국전쟁이 발발하고 9·28 서울 수복으로 서울로 돌아와 군납 사업을 할 때 빌렸던 은행 대출금을 1·4 후퇴 때 피난을 가면서 상환하고 갑니다. 이것은 나중에 그가 사업을 할 때 더 큰 도움으로 돌아오게 되지요. 이처럼 그가 보인 정직과 신뢰는 더 큰 정직과 신뢰를 가져와 그가 사업을 크게 성공시키면서도 좋은 삶을 살 수 있게 한 원동력이라고 생각합니다.

셋째, 그는 말보다는 조용히 생각하고 행동하는 실천가였습니다.

그는 일찍이 독립운동에 뜻을 품었지만 이루지 못했습니다. 그리고 사업의 길로 들어섰습니다. 사업가가 자신의 길임을 자각하고 사회에 이바지하는 사업을 하고 싶어 했습니다. 그래서 여러 사업 경험을 한 후 결국 한국유리를 창업하고 대기업으로 성장시켰습니다. 그러나 그는 다른 기업들과 달리 문어발 확장을 하지 않았습니다. 그는

나는 사랑에 빚진 자입니다

한 길만 걸었습니다.

그는 서울의 수도교회를 창립하고 장로로 교회를 섬겼습니다. 세상의 큰 교회를 선망하지 않고 좁은 길을 가는 교회로 다른 교회의 모범이 되길 원했다고 합니다. 그래서 교회를 이전할 때에도 자신의 고집만 내세우지 않고 결국 옳은 길을 선택했고 반정부 목사님을 내쫓으라는 정부의 압력에도 굴복하지 않았습니다.

그는 많은 학교와 한국기아대책기구, 생명의 전화 등 많은 단체를 후원하면서 자신이 번 돈으로 사회에 다시 환원하는 삶을 실천했습니다.

넷째, 그는 사회적으로 성공하기도 하였지만 개인적으로도 본이 되는 아름다운 삶을 산 어른이십니다.

성공과 행복, 두 마리의 토끼를 잡기란 여간 어려운 일이 아닙니다. 모든 사람이 성공도 하고 싶고 행복한 삶도 원합니다. 그러나 둘 다 얻어지지 않습니다. 대기업회장이고 사회의 리더 자리에 있는 사람으로서 성공한 최태섭 회장님 같은 분이 60년 넘게 산 동반자인 아내가 이 세상에서 자신이 가장 행복한 여자라는 고백을 할 정도로 행복한 가정을 이루었으니 성공과 행복, 두 마리 토끼를 다 잡은 어른이시지요. 참으로 심지가 굳고 신앙 안에서 하나님이 보시기에 좋았더라는 삶을 택해서 사신 결과라고 생각합니다.

다섯째, 그분은 선한 영향력을 세상에 널리 퍼트리는 성실한 청지기인 경영인입니다.

최태섭 회장님은 항상 기업이란 하나님께서 우리에게 맡겨주신 것이므로 경영자는 성실하게 청지기의 사명을 다해야 한다고 말하곤 했습니다. 그 재산의 주인이 하나님이시기에 주인의 뜻에 맞게 사용해야 한다는 소명의식이 있었던 것입니다.

사회의 지원과 도움 없이 성장한 기업은 없습니다. 그렇게 때문에 기업의 본분인 이윤추구를 무시할 수 없지만, 최종목표는 봉사가 되어야 한다는 신념을 가지고 그것을 묵묵히 실천하셨습니다. 평생 기업이윤의 20퍼센트는 사회에 환원하는 노력을 그치지 않은 것입니다.

이제 선진국에 진입한 우리나라도 세계적인 기업과 경영인들이 많습니다. 그리고 이런 분들의 선행도 자주 접할 수 있습니다. 그러나 평생 원칙을 세워 꾸준히 하는 모습은 드문 편입니다. 더군다나 단순히 선행을 베푸는 것이 아니라, 하나님의 재산을 관리하는 청지기로서 적극적으로 봉사에 임한 최태섭 회장님의 삶은 물질적인 부에 지나치게 휘둘리는 요즘 세대에게 경종을 울리고 있다고 생각합니다.

최태섭 회장님이 생존해셨던 때와 다르게 지금은 정치, 경제, 사회적으로 엄청나게 성장한 풍요의 시대를 살고 있지만 인간은 여전히 외롭고 불안한 마음을 떨치지 못하고 있습니다. 볼 거리, 즐길 거리들이 넘치지만 참된 기쁨과 행복은 누리지 못하고 있습니다. 이것은 비단 이 시대만이 아니라 어느 시대나 그러하였다고 생각합니다.

그러나 오늘날은 이 길 잃은 양무리 같은 대중을 이끌어줄 참다운

나는 사랑에 빚진 자입니다

지도자가 없습니다. 최태섭 회장님과 같은 따뜻한 리더십으로 사람들을 진정으로 사랑하고 품어주는 리더가 필요하지 않은가 생각합니다. 정말로 지금은 그러한 리더가 절실하게 그립습니다. 수도교회에 이처럼 살아있는 롤모델을 주신 하나님께 감사하고 이 책을 통해 위대한 신앙인을 가슴에 품게 하신 하나님께 감사드립니다.

바이북스 편집부

청삼 최태섭(晴森 崔泰涉)의 인생약력

1910년 8월 26일	평북 정주군에서 최운향과 반운일의 장남으로 출생
1923년 3월 ~ 1926년 8월	오산고등보통학교 4년 수료
1934년 1월 ~ 1945년 2월	동화공창, 삼흥실업(만주 봉천시) 사장
1933년 4월 28일	봉천서탑교회에서 김성윤과 결혼
1936년 5월 26일	장녀 완영 태어남
1938년 12월 8일	장남 영증 태어남
1941년 9월 18일	차녀 영옥 태어남
1944년 2월 22일	차남 영철 태어남
1946년 3월 ~ 1949년 2월	삼흥실업 대표이사
1947년 8월 22일	3남 영택 태어남
1953년 12월 ~ 1987년 4월	동화산업 회장
1954년 3월 ~ 1978년 3월	대한 화재해사보험 회장
1955년 9월 ~ 1978년 2월	충남제사 대표이사
1957년 3월 ~ 1998년 5월	한국유리공업 대표이사, 사장, 회장, 명예회장
1960년 5워 ~ 1967년 10월	한국생산수출조합 이사장
1962년 10월 ~ 1970년 2월	한국무역협회 이사
1964년 3월 ~ 1969년 8월	미도파백화점 대표이사

나는 사랑에 빚진 자입니다

1964년 5월 ~ 1998년 5월	수도교회 장로
1965년 2월 ~ 1967년 8월	서울상공회의소 부회장
1965년 5월 ~ 1981년 2월	한신대학 재단이사
1966년 5월 ~ 1981년 3월	Y.M.C.A 부이사장 평의원 위원
1967년 5월 ~ 1982년 3월	한 · 중경제협력위원회 회장, 고문
1967년 11월 4일	장손 세훈 태어남
1968년 3월 ~ 1998년 5월	크리스찬아카데미 재단이사장, 고문
1970년 4월 ~ 1998년 5월	장기신용은행 이사
1972년 4월 ~ 1998년 5월	신일학원 재단이사
1973년 4월 ~ 1981년 2월	한국투자금융 이사
1973년 2월 ~ 1998년 5월	오산학교 재단이사
1974년 5월 ~ 1985년 2월	코리아제록스 회장
1975년 3월 ~ 1998년 5월	한국기독실업인회 회장, 고문
1975년 8월 ~ 1998년 5월	한국전기초자 회장, 명예회장
1976년 9월 ~ 1998년 5월	생명의 전화 재단이사
1976년 12월 ~ 1998년 5월	안중근 의사 기념사업회 이사장 , 고문
1977년 11월 ~ 1998년 5월	아세아연합신학교 재단이사
1979년 5월 ~ 1989년 6월	한국복지재단(구 한국어린이재단) 이사장 고문

1980년 3월 ~ 1990년 6월	대한적십자 중앙위원
1980년 3월 ~ 1998년 5월	경희대학교 재단이사 및 이사장
1980년 4월 ~ 1998년 5월	군복음화운동본부 부회장, 고문
1981년 1월 ~ 1998년 5월	평화통일정책자문회의 자문위원
1983년 1월 ~ 1998년 5월	한국경영자총협의회 이사
1984년 2월 ~ 1998년 5월	문성유치원, 시연유치원 운영
1984년 6월 ~ 1998년 5월	재단법인 한국유리육영회(장학재단) 이사장
1986년 2월 ~ 1998년 5월	한국기독교학술원 이사
1986년 3월 ~ 1998년 5월	고당 기념사업회 재단이사장, 고문
1986년 3월 ~ 1998년 5월	상명여자대학교(현 상명대학교) 재단이사
1987년 3월 ~ 1998년 5월	재단법인 실로암맹인안과병원 이사
1987년 4월 ~ 1998년 5월	재단법인 한국대학봉사회 총재
1988년 4월 ~ 1998년 5월	사단법인 한국기독교총연합회 이사
1988년 6월 ~ 1998년 5월	북한연구소 이사
1988년 7월 ~ 1998년 5월	재단법인 청삼아동문제연구소 이사장
1989년 10월 ~ 1994년 1월	사단법인 한국국제기아대책기구 이사장, 명예회장
1994년 8월 ~ 1998년 5월	추양 한경직 기념관 건립 추진위원회 위원장

나는 사랑에 빚진 자입니다

1994년 12월 28일	증손 윤찬 태어남
1995년 4월 28일	결혼 60주년 맞음
1995년 8월 26일(음력)	86회 생일 맞음
1998년 5월 31일	소천

상훈

1965년 7월 17일	전국우수건설자재전시회 대통령 표창
1966년 8월 5일	성실납세자 대통령 표창
1977년 11월 17일	자유중국 경성훈장 수상, 한·중경제협력위원회 한국측 위원장
1982년 10월	월남장 수상(월남기념사업회)
1987년 10월 12일	숭실대학교 명예경영학박사 학위 취득
1988년 5월 11일	한국경영자대상 수상(한국능률협회)
1989년 10월	제3회 인촌상(산업기술부문) 수상(재단법인 인촌기념사업회)
1991년 5월	국민훈장 모란장 수상
1991년 10월	제2회 한국기독교 선교대상 수상(사단법인 세계복음화중앙협의회)
1991년 12월 11일	제1회 경제정의기업상 수상(경실련)
1992년 2월 24일	제7회 인간상록수 추대(지역사회개발 상록회)
1992년 6월 30일	제2회 참경영인상 수상(중앙대학교)
1995년 1월 16일	제1회 유일한상 수상(유한재단)
1995년 2월 23일	경희대학교 명예경제학 박사학위 취득

나는 사랑에 빚진 자입니다

나는 사랑에 빚진 자입니다

초판 1쇄 인쇄 _ 2022년 5월 20일
초판 1쇄 발행 _ 2022년 5월 28일

지은이 _ 최태섭
엮은이 _ 수도교회
펴낸곳 _ 바이북스
펴낸이 _ 윤옥초
책임 편집 _ 김태윤
책임 디자인 _ 이정은

ISBN _ 979-11-5877-300-7 03230

등록 _ 2005. 7. 12 | 제 313-2005-000148호

서울시 영등포구 선유로49길 23 아이에스비즈타워2차 1005호
편집 02)333-0812 | **마케팅** 02)333-9918 | **팩스** 02)333-9960
이메일 bybooks85@gmail.com
블로그 https://blog.naver.com/bybooks85

책값은 뒤표지에 있습니다.
책으로 아름다운 세상을 만듭니다. — 바이북스

* 바이북스 플러스는 기독교 신앙의 본질을 담아내려는 글을 선별하여 출판하는 브랜드입니다.